비트코인
절세·증여·상속
사용설명서

비트코인
절세·증여·상속
사용설명서

세무, 회계, 법안, 시장 분석까지
가족 간 코인 거래의 모든 것

김제이·박만용·서동기
오수환·제임스 정·홍푸른

여의도
책방

디지털자산 투자자가
코인을 현명하게 증여하고 상속하고 절세하는
방법을 찾아서

디지털자산 혹은 코인은 이제 단순한 투자 수단을 넘어 금융자산의 한 축으로 자리 잡아가고 있다. 하지만 그 세계는 여전히 낯설고 복잡하다. 특히 상속과 증여, 보유와 거래 과정에서 발생하는 세금 문제는 일부 투자자만의 고민이 아니라, 코인을 보유한 누구나 직면할 수 있는 현실이 되었다.

이 책은 바로 그 지점에서 출발했다. 단순한 이론 나열이 아니라, 실제 사례와 적용 가능한 전략을 통해 독자들이 자신의 상황에 맞게 활용할 수 있도록 풀어냈다. 코인을 자산으로 거래하거나 가족에게 이전할 때 맞닥뜨리는 복잡한 제도를 이해하는 데 있어, 이 책이 작은 이정표가 되기를 바란다.

이미 바다 건너 미국에서는 변화가 시작되었다. 일부 시장(市長)은 급여를 비트코인으로 받고, 수천만 달러 규모의 부동산이

코인으로 거래된다. 글로벌 부동산 기업은 전용 디지털자산 거래 부서를 세우며 새로운 흐름을 주도하고 있다. 디지털자산은 더 이상 가상의 영역에 머무르지 않고, 실물 경제와 맞닿아 움직이고 있다. 한국에서도 머지않아 그 자산적 지위가 한층 높아질 것이다.

2025년 현재, 한국은 '디지털자산 기본법' 제정을 앞두고 있으며, 가상자산 과세 체계 역시 여전히 논란의 중심에 있다.

특히 상속과 증여, 거래와 보유 과정에서 얽히는 세금은 겉으로 단순해 보여도 실제로는 다양한 해석과 쟁점이 존재한다. 신흥 자산인 코인을 주고받을 때 발생하는 상속·증여세 문제는 아직 누구도 완전히 정리해 내지 못했다.

이 책은 그 난제를 풀어내기 위한 시도다. 독자들이 디지털자산 세금 문제에 조금이라도 쉽게 다가갈 수 있도록 돕는 것, 그것이 우리의 목표다. 완전한 디지털 금융 시대를 앞두고, 한자리에 모이기 어려운 세무사·회계사·기자·변호사가 힘을 모았다.

집필진은 박만용 세무사, 서동기 회계사, 오수환 기자, 정명수 기자, 홍푸른 변호사다. 디지털자산 시장을 깊이 연구해 온 전문가들이 각자의 전문 영역에서 풀어낸 절세 과제들을 담아냈다. 이 책이 독자에게 든든한 길잡이가 되어, 다가올 디지털 금융 시대를 준비하는 데 작은 나침반이 되기를 바란다.

대표 저자
김제이 기자(블록미디어 편집장)

차례

PART 3 **코인 상속과 증여의 모든 것**

PART 5   비트코인의 오리진

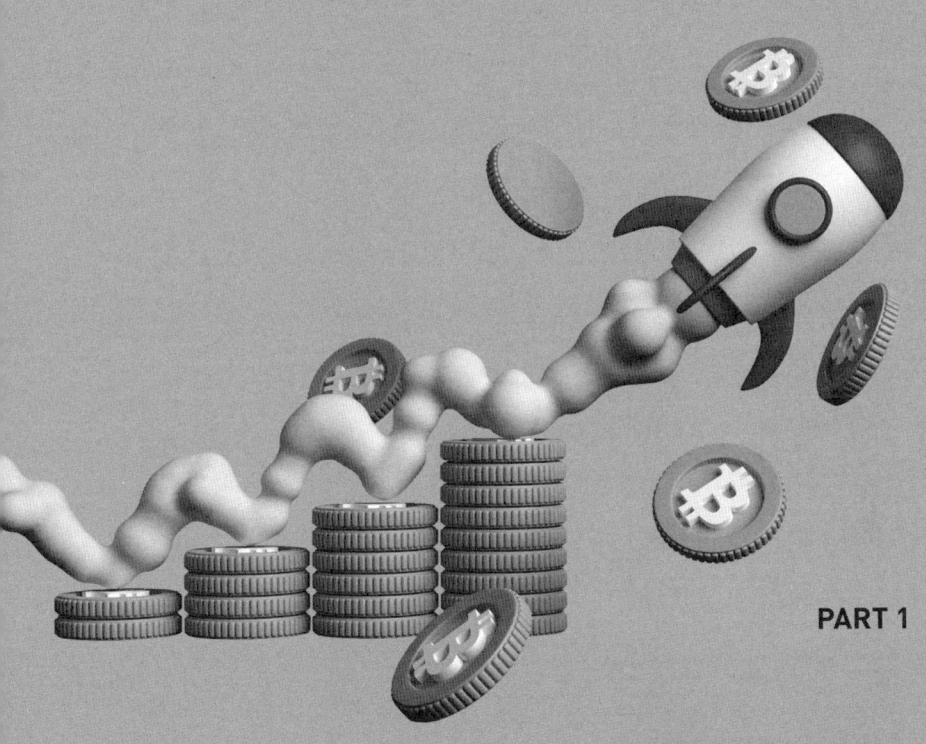

PART 1

비트코인의
자산 가치

비트코인은 정말 금처럼
자산적 가치가 있나?

비트코인을 자식이나 손자, 손녀, 혹은 친척과 지인에게 증여를 하거나, 상속을 한다고 생각해 보자. 비트코인이 그럴 만한 가치가 있나? 비트코인을 단기간 투자해서 돈을 버는 것과 내가 아끼는 누군가에게 유산으로 남기는 것은 전혀 다른 이야기일 수 있다. 예를 들어 2017년 이전에 비트코인에 투자해서 2018년 이익 실현을 했다면 적어도 15배 이상의 이익을 낼 수 있었다. 2017년 1월 비트코인은 1개에 900달러 정도였다. 2018년 1월 비트코인은 1만 6,000달러로 올랐다. 1년 투자로 그 정도 이익을 냈다면 엄청난 투자임에 분명하다. 그러나 2017년 비트코인만큼 인기를 끌었던 주식 또는 아파트 투자도 찾아보면 얼마든지 있었다. 질문을 바꿔보자. 만약 2017년에 비트코인, 주식, 아파트를 사서 그걸 자식에게 물려줄 수 있다고 할 때 여러분은 어떤 것을 선택하겠는가? 상당히 높은 비율로 아파트라고 답할 것이다. 비트코인이나 주식은 그때그때 가격이 널뛰기를 한다. 비트코인을 사서 물려주기에는 위험이 너무 크다. 집은 다르다. 가격이 내려가더라도 내 손주가 들어가 살면 되니까. 상속세를 내는 문제가 있지만 어느 날 물거품처럼 사라지지는 않는다는 믿음이 있다. 왜? 비트코인은 내가 손으로 잡을 수도 없고, 숫자로만 존재하니까. 아파트는, 집은, 땅은 없어지지 않는 실물이니까. 맞는 말이다. 그러나 틀린 말이기도 하다. 나는 지금부터 비교적 가까운 미래까지만 살 수 있지만, 내 자손은 내가 보지 못하는 아주 먼 미래를 살아가게 된다. 그때에는 비트코인이 아파트보다 더 큰 가치를 지닐 수 있다. 이제부터 그 얘기를 해보려고 한다. 상속 재산으로써 비트코인, 이는 지금 이 순간이 아니라 미래를 보는 눈에서 시작한다.

2017년에 비트코인을 샀다면?

비트코인은 코인, 토큰, 암호화폐, 가상자산, 디지털자산 등 여러 이름으로 불린다. 뭐라 부르든 비트코인은 우리 눈에 보이는 어떤 물건으로 다가오지 않는다. 신사임당이 그려진 5만 원과 이 점에서 확연하게 다르다. 그러나 은행 통장이나 계좌에 찍히는 숫자를 생각해 보면 비트코인과 신사임당은 다르지 않다. 그렇다면 비트코인을 사서 누군가에게 증여를 하거나, 후손에게 물려준다면 그건 어떤 느낌일까? 다음 그림을 한번 봐주시면 좋겠다.

???: 아빠! 아빠는 왜 코인 안했었어? 🗌

○○(112.160) | 2021.04.22 13:59

비트코인 투자 열기가 후끈 달아오를 때 유행했던 농담이다. 인터넷에서는 이런 이미지나 영상을 '짤'이라고 부른다. 풍자와 해학을 담은 짧고 웃기는 이야기라는 뜻이다. 사진에서 아들이 묻는다. 아빠는 왜 비트코인 투자를 하지 않았느냐고. 아빠가 큰 소리로 뭔가 답을 하는데, 원래는 비속어가 섞여 있다. "했었어, 씨X!" 같은 식이다. 비트코인을 사기는 샀는데 너무 일찍 팔았다는 한탄이 담긴 짤이다.

　원래 이 짤은 강남 아파트 또는 강남 땅을 대상으로 했다. 아빠와 아들, 손자와 할아버지 등 버전도 다양하다. 손자가 묻는다. "왜 우리 집은 이렇게 가난한 거야? 할아버지는 그때 강남 땅 왜 안 샀어?" 할아버지는 머리를 쥐어 뜯으며 "샀었어! 네 애비 학비 때문에 팔았어 씨X" 하는 식이었다.

　　　　　　　　　　　　　　　　　PART 1 비트코인의 자산 가치

만약 할아버지가 1970년대 강남에 땅이나 집을 사서 계속 가지고 있었다면 우리 집도 부자가 됐을 텐데라며 원망하는 후손들의 마음이 담겼다. 똑같다. 만약 12년 전 비트코인을 사서 계속 가지고 있었다면 우리 집은 부자가 됐을 거다. 정말로? 실제로 그렇다. 비트코인은 모든 이동 기록이 블록체인에 남는다. 따라서 거짓말을 못한다. 2012년에 1,200달러, 당시 환율로 130만 원 정도를 비트코인에 투자한 사람이 있다. 이 비트코인이 12년 만인 지난 2024년 12월에 다른 곳으로 움직인 기록이 나왔다. 현 시세로 1,000만 달러, 원화로 145억 원이 넘는다. 다음 그림이 해당 비트코인 이동 상황을 보여주는 블록체인상의 기록 중 일부다.

암호 같은 알파벳과 숫자의 긴 나열인데, 이게 비트코인이라고? 맞다. 이것이 비트코인 거래 기록이다. 복잡하게 보이는 이 내용을 다 이해할 필요는 없다. 다만 언젠가 아들이, 딸이, 손자가, 손녀가 "그때 왜 비트코인을 사지 않았느냐."고 물을 때 "했었어."라고 과거형으로 답하지만 않으면 된다. 가장 좋은 답은 이거다. "네 몫의 비트코인도 있어."

비트코인 130만 원 어치가 145억 원이 되는 데는 대략 12년이 걸렸다. 이 비트코인 투자자가 기혼자이고, 2012년에 아이를 낳았다면 이제 초등학교 5학년이다. 상상의 나래를 펼쳐보자. 만약 이 아이가 장성해서 결혼을 하고, 첫 아이를 낳을 때까지 비트코인을 그대로 가지고 있다면? 그 아이에게 내가 비트코인을 물려줄 수 있다면? 놀라운 것은 이 기분 좋은 상상을 현실로 만들 수 있다는 점이다.

2024년, 미국의 국가 전략 비축 자산이 되다

2024년 12월 4일 비트코인은 사상 처음으로 개당 10만 달러를 돌파했다. 비트코인은 2009년 1월 3일 세상에 처음 등장했다. 당시에 비트코인은 컴퓨터와 인터넷을 잘 아는 몇몇 사람들의 장난감 같은 대우를 받았다. 괴짜들이 장난 삼아 만든 인터넷 돈의 의미가 컸다. 2024년 11월 도널드 트럼프가 미국 대통령에 당선하면서 장난감은 여엿한 전략 자산이 됐다. 트럼프는 대선 공약으로 비트코인을 국가 전략 비축 자산으로 삼겠다고 선언했다.

국가 전략 비축 자산이라는 어마어마한 말을 허투로 들어서는 안 된다. 이 말의 적용을 받는 자산이 몇 가지 없기 때문이다. 대표적인 것이 원유다. 미국 정부는 유사시를 대비해서 국가의 돈으로 원유를 저장해 둔다. 이를 전략비축유(Strategic Petroleum Reserve)라고 한다. 미국은 또 막대한 양의 금(Gold Reserve)을 보유한다. 영어 단어 리저브(Reserve)가 공통적으로 들어 있다. 트럼프 대통령은 비트코인에도 리저브라는 말을 붙였다. 비트코인을 원유, 금과 동격으로 언급한 것이다. 컴퓨터로 만든 장난감이 어떻게 하다가 전략 비축 자산이 됐을까? 이 질문은 맨 처음 했던 질문과 연결된다. 비트코인, 주식, 아파트 중 어떤 것을 자손들에게 유산으로 물려줄 것인가? 비트코인이 매력적이라고 생각하는 사람도 아파트를 선택하는 경우가 많다. 아파트는 눈에 보이는 실물이니까. 그러나 트럼프의 주장을 따르면 비트코인은 원유, 금처럼 비축을 해두고 국가 자산으로 대대손손 관리해야 할 무엇이다. 비트코인을 이렇게 대우해야 하는 이유는 뭔가? 비트코인이 강력한 부의 저장 수단이기 때문이다.

"비트코인은 디지털 골드다."

인류 역사가 시작된 이후 가장 원초적인 부의 저장 수단은 금이었다. 금은 손으로 만질 수도 있고, 변형도 쉽고, 휴대하기에도 편하다. 국가가 비축하고 관리하는 것도 그 때문이다. 금이 비트코인과 동격일 수 있나? 있다.

2024년 1월 11일 미국 뉴욕 증권 시장에는 역사적인 증권이 상장됐다. 비트코인을 펀드에 담을 수 있고, 그 펀드 주식을 언제든 사고팔 수 있는 상장지수펀드(ETF)가 바로 그것이다. ETF는 그 자체로 주식이지만, 그 주가는 펀드에 무엇을 담느냐에 따라 결정된다. 우리가 잘 아는 S&P500 주가 지수를 그대로 따라가는 ETF도 있고, 최근 가장 인기 있는 인공지능(AI) 주식들만 모아서 그 주식의 주가를 따라가는 ETF도 있다. 금, 원유 가격을 따라가는 ETF도 있다. 비트코인 ETF가 등장했다는 것은 월스트리트의 내로라하는 기관 투자자들이 비트코인을 주식, 금, 원유와 대등한 자산으로 보기 시작했다는 뜻이다. 전 세계 자산운용사 중에 가장 많은 돈을 맡아 굴리는 곳은 블랙록(Black Rock)이다. 블랙록이 비트코인 ETF 상장에 상당한 공을 들였다. 블랙록의 최고경영자(CEO) 래리 핑크(Larry Fink)는 비트코인 ETF를 이렇게 홍보했다.

"비트코인은 디지털 골드(Digital Gold)다. 글로벌 투자 자산이다."

래리 핑크는 원래 비트코인을 싫어했다. 핑크뿐 아니라 많은 월가의 CEO들, 기관 투자자들, 펀드매니저들이 비트코인을 무가치한 것으로 봤다. 비트코인은 인터넷에서 뭔가 음성적인 것을 거래할 때 주고받는 돈으로 치부했다. 그러나 몇 년 전부터 핑크가 생각을 바꾸기 시작했다. 비트코인이 가진 희소성이 금하고 너무나 유사했기 때문이다.

금이 귀중하게 여겨지는 가장 큰 이유는 흔하지 않기 때문이다. 그걸 희소성이라고 한다. 그런데 흔하지 않은 것으로 치면 금보다 더한 것도 많다. 예를 들어 하늘에서 떨어지는 운석 조각. 우주를 날아다니던 광물 덩어리가 어쩌다가 지구로 떨어지는 일이 있다. 대부분은 대기권을 통과하면서 타버린다. 별똥별이 그것이다. 아주 희귀하게 다 타지 않고 지상에 떨어지는 것이 운석이다. 이런 운석은 수억 원을 호가한다. 금처럼 희귀하지만 운석에 투자 가치가 있다고 생각하지 않는 이유는 뭘까? 운석을 본 사람은 신기하다고 생각하지만, 운석이 일정한 규모로 반복적으로 '공급'된다고 여기지 않기 때문이다.

금은 흔하지 않지만, 일정한 양으로 채굴이 가능하다. 원하는 사람이 많아지면 공급량도 그에 맞춰 늘릴 수 있다. 전 세계적으로 지금도 금광을 찾아서 채굴 기계를 투입해 금을 생산하는 기업들이 있다. 금 가격이 올라가면 채굴 활동도 활발해진다. 운석은 공급을 컨트롤할 수 없기 때문에 희소성 있는 자산이 될 수 없는 것이다. 희소성의 요체는 흔해빠지지는 않으면서도 공급과 수요가 일정 규모 이상이어야 한다. 그래야만 '가치'가 생긴다.

희소성, 공급, 수요

비트코인과 금은 둘 다 흔해빠지지 않았다. 세 가지 희소성 조건의 첫 번째 조건을 충족한다. 비트코인은 수학에 의해 2,100만 개만 존재할 수밖에 없다. 더 많이 만들고 싶어도 못한다. 프로그램을 바꾸면 되지 않나? 가능하다. 그러나 바뀐 프로그램에 의해 채굴되는 비트코인은 더 이상 오리지널이 아니다. '비트코인 버전 2.0' 이렇게 별개로 취급받을 것이다. 따라서 원칙적으로 원조 비트코인은 지구상에 정확하게 2,100만 개 밖에 없다.

두 번째 조건은 공급. 비트코인 2,100만 개를 어떻게 생산하느냐, 즉 채굴 방법은 프로그램에 의해 정해져 있다. 2009년 비트코인이 처음으로 채굴된 이후 이 규칙이 깨진 적이 단 한 번도 없다.

마지막으로 수요. 비트코인을 사고 싶은 사람과 팔고 싶은 사람이 어떻게 매매를 할 것인지도 지난 16년간 경험으로 노하우가 축적됐다. 비트코인을 원하는 수요가 시간이 지남에 따라 증가했다는 뜻이다. 래리 핑크는 바로 이 점을 봤다.

래리 핑크는 비트코인이 갖춰야 할 세 가지 희소성 조건 중에서 첫째와 둘째까지는 이해를 했다. 금처럼 흔해빠지지도 않았고, 공급도 제어할 수 있다. 마지막 세 번째에 확신이 없었다. 왜냐하면 비트코인을 얻기 위해서는 다소 복잡한 과정을 거쳐야 하기 때문이다. 뒤에서 자세하게 다루겠지만, 오늘날 대중들이 비트코인을 갖는 방법은 채굴 또는 매입 두 가지밖에 없다. 월급을 비트코인으로 받거나, 물건 대금으로 비트코인을 받는 경우는 흔치 않다. 래리 핑크는 세 번째 조건인 수요가 불분명하다고 생각했다.

비트코인이 금처럼 희소성 높은 투자 대상이 될 수 없다고 생각하던 무렵 정말 엉뚱한 일들이 몇 가지 벌어졌다. 2020년 코로나 팬데믹이 전 세계를 강타하기 직전, 테슬라(Tesla)의 일론 머스크(Elon Reeve Musk)가 비트코인에 관심을 보이기 시작했다. 머스크는 심지어 테슬라 회사 돈으로 비트코인을 매입했다. 비트코인으로 테슬라 자동차 결제를 시도하기도 했다. 수요가 생긴 것이다. 물론 머스크와 테슬라는 비트코인 결제를 없던 일로 했지만, 래리 핑크 입장에서는 놀라운 일이 아닐 수 없었다. 팬데믹이 강타하면서 전 세계 자산 시장은 폭발적인 상승세를 나타냈다. 전혀 가치가 없다고 생각하는 이른바 밈주식도 미친 듯이 주가가 올랐다. 집 안에서 나오지 못하는 청년층이 인터넷 매매를 통해 닥치는 대로 주식과 코인을 사들이기 시작했다. 비트코인 가격도 천정부지로 올랐다. 래리 핑크가 바라던 수요가 생긴 것이다.

래리 핑크는 희소성 조건을 다 갖춘 비트코인으로 금융 상품을 만들 결심을 한다. 래리 핑크 입장에서 처음 해보는 일도 아니었다. 블랙록은 이미 금 가격을 따라가는 ETF를 운용 중이었고, 성적도 나쁘지 않았다. 블랙록은 금 ETF를 만들어 판 경험을 그대로 비트코인 ETF에 적용했다. 래리 핑크가 비트코인을 디지털 금이라고 떠든 것도 바로 이 때문이다.

자식들에게 물려줄 자산을 딱 하나 고르라면?

블랙록이 2024년 1월 비트코인 ETF를 내놓은 이후 어떤 일이 벌어졌을까? 블랙록의 비트코인 ETF는 보유 자산 규모가 500억 달러로 금 ETF를 앞질렀다. 금 ETF는 2004년 처음 등장해서 10년 넘게 현재의 자산을 모았다. 비트코인 ETF는 그걸 단 1년 만에 해치웠다. 월스트리트 역사에서도 이런 일은 유례가 없다.

래리 핑크는 비트코인이 금과 희소성 조건이 같다는 점을 이해한 후 마지막 퍼즐이 맞춰지기를 기다리다가 스스로 그 퍼즐을 맞춘 셈이다. 많은 사람들이 보다 쉽게 비트코인에 투자하고 싶을 때 주식의 형태로 비트코인을 매매할 수 있게 함으로써 수요 조건을 만들어 낸 것이다.

All the Gold in the World
- In a Solid Gold Cube

If all the gold ever mined was melted into a solid cube,
the cube with sides of 20.5m would fit in an Olympic Swimming Pool

The small gold sphere, in front of the cash couch, weighs 1 metric ton exactly, with a value
over $50 billion dollars

전 세계에 있는 금을 전부 모으면 어느 정도 크기인지 보여주는 그림이다. 이렇게 시각화하면 우리가 생각한 것보다도 금이 굉장히 귀하다는 것을 알게 된다. 비트코인은 더하다. 2,100만 개밖에 없다. 금을 좋아한다면, 금이 귀하고 가치가 있다고 생각한다면 비트코인도 똑같은 원리로 그렇게 생각할 수 있다.

그렇다면 비트코인은 정말 금과 같은 가치를 지니고 있나? 말이 나온 김에 전 세계에서 지금까지 채굴된 금이 어느 정도인지 살펴보자. 현존하는 금을 다 녹이면 어떻게 될까. 올림픽 수영장 크기가 나온다는 통계가 있다. 위 그림 하단을 보라. 소파에 앉은 여성 앞에 작은 공이 보이는가? 그게 정확하게 금 1톤을 나타낸다.

죽어도 금에는 투자하지 못하겠다는 분들이 있기는 하다. 투자에 대해 많은 명언을 남긴 워런 버핏(Warren Edward Buffett)은 금에 대해서도 한말씀 했다.

"전 세계의 모든 금을 담은 커다란 직육면체가 있다고 칩시다. 당신은 그걸 쓰다듬거나 애무(Fondle)할 수는 있어요. 그러나 금 덩어리는 아무 반응을 안 할 겁니다."

100살을 바라보는 버핏이 농도 짙은 19금 농담을 한 것인데, 버핏은 가치를 만들어 내는 기업에만 투자한다. 따라서 금은 투자 가치가 없다고 본 것이다. 똑같은 이유로 버핏은 비트코인도 싫어한다. 그러나 금은 그 존재감을 충분히 지니고 있고, 상속 재산으로도 손색이 없다. 금이 가치를 갖는 이유는 앞서 얘기한 희소성 때문이다. 금값이 오르는 이유는 비트코인에 그대로 적용된다. 비트코인은 여기에 '디지털'이 더해진 것이다.

비트코인은 숫자(Digit)다. 그런데 은행 잔고도 사실은 숫자다. 이미 신사임당 지폐를 꺼내 쓰는 것보다 신용카드나 은행 앱으로 숫자를 이동시키는 일이 더 흔하다. 비트코인은 기존의 금이 갖는 속성에 디지털 속성까지 더해진 것이다.

역사적으로도 비트코인과 금은 유사한 궤적을 그릴 가능성이 높다. 현재 금은 국제 시장에서 온스당 2,800달러를 호가한다. 사상 최고가다. 왜 금값이 오를까? 애무를 해도 반응하지 않는 금을 사람들은 왜 살까? 금이 오르는 이유는 두려움 때문이다.

금값 상승을 1970년대부터 10년 단위로 나눈 그래프를 보자.

닉슨 선언 이전까지 '달러=금'이었다. 1달러를 미국 정부에 내면 금 35온스(약 992그램)를 내줬다. 미국이 달러를 금으로 교환하

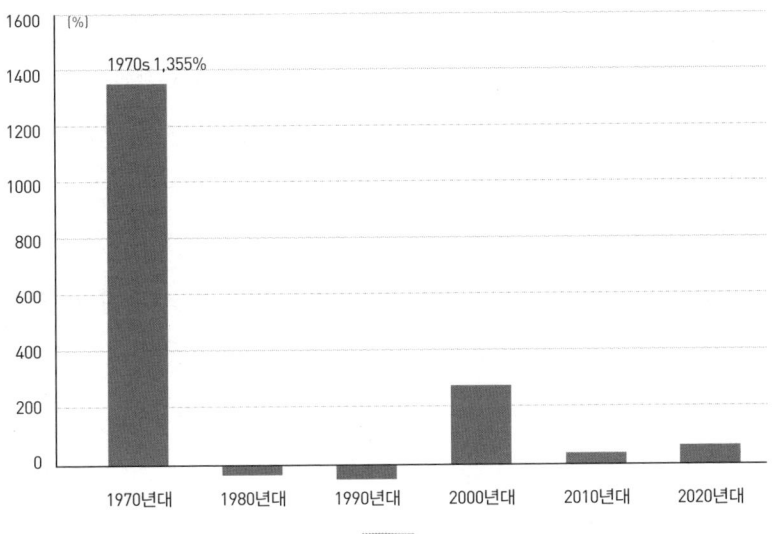

1970년대에 금값은 10배 이상 올랐다. 1971년 미국이 달러를 더 이상 금으로 바꿔주지 않겠다는 선언 이후다. 당시 미국 경제는 큰 어려움에 처했는데, 머리 좋은 리처드 닉슨(Richard Milhous Nixon) 대통령이 금과 달러를 분리하는 정책(불태환 선언)을 내놓음으로써 달러를 초강대국의 돈으로 만드는 데 성공했다.

지 않겠다고 하자 전 세계 금융 시장이 요동쳤다. 금값도 치솟았다. 금융 질서가 바뀐다는 두려움이 금 매입으로 이어진 것이다.

1980년대, 1990년대에는 금이 재미 없는 투자였다. 그러다가 2000년대에 다시 금이 주목받았다. 닷컴 버블이 터졌기 때문이다. 흔히 금은 인플레이션을 피할 수 있고, 그래서 투자한다고 말한다. 맞기도 하고, 틀리기도 하다. 1970년대 오일 쇼크와 고물가 당시에는 맞았다. 2000년 닷컴 버블기 물가는 연평균 2.6%로 낮았다. 실제로 물가가 높기 때문에 금을 사는 것이 아니라 실현되지 않은 인플레이션에 대한 공포가 금을 사도록 만든다.

그렇다면 지금 금이 오르는 것은 어떤 공포 때문일까? 트럼프 때문이다. 트럼프 대통령은 취임하자마자 캐나다와 멕시코, 중국에게 높은 관세를 물렸다. 미국이 관세를 물리면 당하는 나라도 가만히 있지 않는다. 관세 전쟁, 무역 전쟁이 일어난다. 금융 시장이 요동칠 것이고, 국제 무역도 감소할 것이다. 글로벌 경제 성장이 둔화될까 걱정하게 된다. 이런 불안과 걱정이 금값을 끌어올린다.

금 투자를 지지하는 저술가 제임스 그랜트(James Grant)는 "금은 거의 모든 두려움을 덜어준다. 은행 시스템 붕괴(2008년 금융위기) 외에도 전쟁, 테러, 정치적 양극화가 금을 불러들였다"고 썼다. 그랜트는 이러한 금의 속성을 탈정치(탈중앙)라고 했다. 비트코인과 똑같다.

"금의 가장 큰 장점은 누구에게도 책임이 없다는 것입니다. 금에게는 여권도 없고, 정치도 없어요."

사회와 정치 제도에 대한 신뢰가 약화되면 금, 다이아몬드 등 귀금속의 매력이 올라간다. 비트코인도 똑같은 매력을 가졌다. 여기에 디지털 속성도 있다. 휴대가 간편하고, 비밀번호만 잘 관리하면 분실 위험도 없다. 블록체인은 그 누구도 해킹을 하거나, 위변조를 할 수 없다. 비트코인 수요는 시간이 지날수록 늘어날 수

밖에 없다. 공급이 일정하고, 수요가 계속 늘어난다면 가격은 오르기 마련이다. 다시 처음 질문으로 돌아가보자. 비트코인, 주식, 아파트가 있다. 자식들에게 물려주고 싶은 재산을 딱 하나 고르라면? 아직도 부동산이 1등이다. 그렇다면 2개를 고르라면?

1-2
비트코인
사는 법

비트코인을 얻는 방법은 크게 세 가지다. 직접 사는 방법, 비트코인을 채굴하는 방법, 사업을 통해 결제 수단으로 비트코인을 채택하는 방법이다. 비트코인을 후손들에게 물려주기 위해서는 어떤 식으로든 비트코인을 내가 확보하고 있어야 한다. 주식이나 아파트를 물려줄 때도 마찬가지다. 일단 내가 가지고 있어야 넘겨줄 수 있으니까.

그런데 비트코인을 상속한다고 할 때에는 완전히 다른 전략도 가능하다. 예를 들어 내가 채굴 방식으로 비트코인을 얻을 수 있다면 최종 산출물인 비트코인 그 자체를 물려줘도 되지만, 채굴 장비 자체를 후손 명의로 해도 된다. 금광을 가진 사람이 거기서 채굴한 금을 자식에게 줄 수도 있지만, 금광 채굴권 자체를 넘겨도 되는 것과 같다.

매입

우선 가장 일반적인 방법으로 비트코인을 직접 매입하는 것에 대해 알아보자. 비트코인은 현재 시세가 원화로는 1억 5,000만 원을 훌쩍 뛰어넘는다. 비트코인 가격은 원화로 표시할 때와 달러로 표시할 때 5%가량 차이가 벌어지는 일이 흔하다. 원화 가격이 더 높다. 이를 김치 프리미엄이라고 한다. 줄여서 '김프'라고 하는데, 김프를 이용해서 차액을 먹는 거래도 있다. 왜 이러한 가격 차이가 발생하는지는 따로 설명할 기회가 있을 것이다. 비트코인 가격은 국가별로, 거래소별로 다소 차이가 있다는 점만 알아두자.

그래도 유리하게 사면 좋지 않을까? 가장 좋은 방법은 달러로 비트코인을 사는 것이다. 비트코인이 가장 많이 거래되는 나라, 가장 수요가 많은 나라가 미국이기 때문이다. 기왕에 비트코인을 산다면 유동성이 풍부하고, 매매가 자유로운 미국에서 하는 것이 이점이 높다. 미국에서 비트코인을 사기 위해서는 미국에 설립된 암호화폐 거래소를 이용해야 하는데, 이것이 쉽지는 않다. 미국에서 은행 거래를 할 수 있어야 하기 때문이다. 혹시 미국에서 생활하는 자녀 또는 손주가 있다면 지금 당장 미국 암호화폐 거래소에 계좌를 터서 거래를 하라고 권하겠다.

어쨌든 비트코인은 국내 거래소에서도 얼마든지 매매할 수 있다. 꼭 1개씩 거래할 필요도 없다. 비트코인은 지구상에 존재하는 거의 완벽한 디지털자산이기 때문에 1억 분의 1 단위로 거래가 가능하다. 마음만 먹으면 수천 원 어치도 살 수 있다. 비트코인이

1억 원이 넘어가면서 매입을 포기했다는 분들이 있는데, 걱정할 필요 없다. 천 원 단위, 만 원 단위로도 얼마든지 사고팔 수 있다. 암호화폐 거래소를 이용하는 방법은 조금 뒤에서 설명하겠다.

비트코인을 사고팔 때 비용은 얼마나 들까? 거래소에 내는 수수료 외에는 사실 비용이 없다. 그러나 거래소에서 산 비트코인을 다른 거래소로 옮긴다거나, 내가 별도로 보관을 하기 위해 비트코인을 꺼내면 수수료를 요구하는 경우가 있다. 암호화폐 거래소 간 경쟁이 붙으면서 각종 수수료를 할인해 주는 제도가 생겼으니 이를 잘 살펴보고 거래를 하는 것이 좋다.

비트코인 역사에서 암호화폐 거래소는 기이한 위치에 있다. 비트코인이 처음 생겼을 때에는 거래소라는 기구가 별도로 필요하지 않았다. 비트코인을 채굴한 사람이 다른 사람에게 1 대 1로 전달해 주는 것이 대부분이었다. 비트코인은 태생이 전자화폐이기 때문에 물건을 받고, 그 대가로 비트코인을 주는 것만 생각했었다. 비트코인이 확산하는 경로는 실제 전자 거래뿐이었다. 그러나 인터넷은 예상치 못한 비즈니스를 만들어 내지 않나. 중고품 매매를 하는 앱이 인기가 있는 것처럼 비트코인을 일종의 기념품처럼 달러를 주고 축적하고 싶어 하는 사람들이 생겨났다. 이러한 수요를 충족시키기 위해 일종의 교환 사이트가 저절로 생겨났다. 비트코인 교환 사이트가 발전한 모습이 오늘날의 암호화폐 거래소다. 최초의 비트코인 거래소는 2010년에 나타났다가 지금은 사라진 비트코인마켓닷컴(bitcoinmarket.com)이라는 곳이다. 당시 비트코인은 1달러에 몇 개 하는 방식으로 거래됐다. 이때 비트코인 1개의 가격은 데이터 상으로는 0.000001달러에서 0.1달러까지 급변동한 것으로 나온다. 비트코인 역사의 원시 시대 가격이라고 할 수 있다.

채굴

다음은 비트코인 채굴에 대해 알아보자. 2009년 비트코인이 최초로 채굴되고 한동안 비트코인을 얻을 수 있는 가장 좋은 방법은 채굴에 직접 참여하는 것이었다. 비트코인은 인터넷 네트워크 및 블록체인과 밀접한 관련이 있다. 블록체인의 작동 원리와 비트코인이 어떻게 채굴되는 것인지, 그 세세한 기술적 배경을 다 알 필요는 없다. 그 자체로 한 권의 책이 되기 때문이다. 비트코인을 담은 블록체인은 인터넷이 존재하고, 그 인터넷과 연결된 컴퓨터가 단 1대만 있어도 사라지지 않는다는 것만 이해하면 된다. 그렇다면 채굴은 뭔가. 비트코인을 채굴한다는 말은 바로 그 블록체인 네트워크에 내가 참여한다는 뜻이다. 어떻게 참여하고, 그 참여의 결과로 어느 정도 코인 보상을 받는지는 비트코인 프로그램에 세세하게 적혀 있다. 해당 프로그램을 인터넷에서 공짜로 다운로드받을 수도 있다. 컴퓨터에 비트코인 프로그램을 깔고 작동시키면 집에 있는 PC로도 비트코인을 채굴할 수 있다. 너무 쉽지 않나?

실제로 비트코인 초창기에는 채굴이 너무너무 쉬웠다. 비트코인을 만든 사토시 나카모토(Satoshi Nakamoto)는 스스로 비트코인을 채굴했는데, 그가 보상으로 받아 비축한 비트코인은 100만 개가 넘는다. 만약 나카모토가 살아 있고, 그가 지금 이 비트코인을 원화로 바꾼다면 150조 원이 넘는 자산가가 된다. 나도 나카모토처럼 비트코인을 채굴하면 부자가 될 수 있나?

비트코인이 블록체인 기술을 영리하게 썼다고 평가받는 부분이 바로 이 부분이다. 비트코인은 블록체인 네트워크 활동에 참여함으로써 그 보상으로 주어지는 것이다. 사람들이 네트워크 활동에 참여하면 경쟁을 통해 누가 얼마나 보상을 받을 것인지를 수학 공식으로 미리 정해놨다. 참여자가 증가하면 경쟁이 심해지고, 보상도 줄어든다. 참여자가 줄어들 것 같으면 경쟁의 정도가 약해지고, 보상을 받을 확률도 올라간다. 비트코인은 4년에 한 번 정기적으로 코인 보상을 절반씩 뚝뚝 깎는다. 비트코인 네트워크 활동에 같은 시간과 에너지를 투입한다고 해도 보상으로 얻는 비트코인의 양이 절반으로 감소한다. 즉, 공급량이 감소하는 것이다. 비트코인 가격이 4년 주기로 급등하는 이유가 여기에 있다. 공급이 감소하면 가격은 오르는 것이 시장 원리다.

비트코인 네트워크에 투입되는 에너지를 컴퓨팅 파워라고 한다. 블록체인은 거대한 인터넷이다. 인터넷을 돌리기 위해서는 컴퓨터를 돌려 이런저런 계산을 해야 한다. 그래서 컴퓨팅 파워라는 말을 쓴다. 전기값이 들고, 컴퓨터 부품 비용도 든다. 인건비는 별도다. 비트코인을 채굴한다는 것은 컴퓨팅 파워를 투입해서 그 보상으로 코인을 받는다는 뜻이다. 따라서 전기료, 부품비, 인건비의 총합과 보상으로 받는 비트코인 가격을 비교해서 유리한 방향으로 컴퓨팅 파워를 투입하게 된다. 투입한 파워에 비해 보상이 적으면 블록체인 네트워크에 참여하는 컴퓨팅 파워가 내려간다. 비트코인 프로그램은 이 경우 보상을 약간 상승시킨다. 보상이 컴퓨팅 파워 이상으로 올라가면 투입되는 컴퓨팅 파워가 다시 올라간다. 여기서도 수요 공급이 작용한다. 따라서 비트코인 채굴은 정확하게 시장 원리를 따른다.

2025년 2월 2일 기준 비트코인 채굴에 들어가는 컴퓨팅 파워 총 비용은 평균 8만 8,000달러 수준이다. 비트코인 시장 가격은 10만 200달러다. 비트코인을 채굴하는 것이 거래소에서 비트코인을 사는 것보다 유리하다. 그러나 이는 평균적인 것이고, 실제로 채굴을 하려면 막대한 사전 투자가 필요하다. 비트코인 채굴을 위해서는 성능이 좋은 컴퓨터가 있어야 한다. 채굴은 비트코인 프로그램이 정한 수학 문제를 푸는 과정이기 때문에 성능이 좋은 컴퓨터일수록 보상을 받을 확률이 올라간다. 컴퓨터에 비트코인 프로그램을 걸어놨다고 해서 누구나 저절로 보상을 받는 것이 아니다. 비트코인 채굴을 전문으로 하는 기업형 참여자들이 대규모 투자를 해서 서로 경쟁한다. 이런 참여자를 전문 용어로 노드(Node)라고 한다. 대형 노드를 구축하고 운영하기 위해서는 자본과 전문 지식이 필요하다. 개인은 노드를 운영하는 기업에 개별적인 투자를 함으로써 간접적으로 채굴에 참여하는 것이 일반적이다. 이를 채굴 풀(Pool)이라고 한다. 채굴 풀에 일정한 돈을 내고 참여하면 그에 비례해서 채굴 보상을 받을 수 있다.

대표적인 비트코인 채굴 풀 사이트

풀 이름	웹사이트	수수료 (대략)	지불 방식	주요 특징
F2Pool	f2pool.com	2.5~4%	PPS+, FPPS	• 글로벌 대형 풀 • 다양한 코인 채굴 지원 • 모바일 앱 지원
AntPool	antpool.com	0~4%	PPS, PPLNS, FPPS	• Bitmain에서 운영 • 다양한 코인 채굴 지원 • 실시간 모니터링 및 API 제공
Poolin	poolin.com	2~4%	FPPS, PPS, SOLO	• 종합 채굴 플랫폼 • 여러 알트코인 지원 • 상세한 채굴 통계 및 사용자 친화적인 UI
BTC.com	btc.com	1.5~4%	FPPS, PPS+	• 안정적인 블록 보상 • 다양한 채굴 통계 제공 • 지갑 서비스와 통합
Sluch Pool(Braiins Pool)	slushpool.com	2%	Score-based	• 세계 최초의 채굴 풀 중 하나 • 독자적인 점수 방식 (공정한 기여도 반영) • 높은 투명성

• 수수료(Fee): 풀마다 기본 수수료와 추가 수수료 모델이 다를 수 있다.

• 지불 방식(Payout method): 대표적으로 PPS(비례 지불), FPPS(풀 전체 수익의 평균 지불), PPLNS(최근 n개의 공유에 따른 배분) 등이 있다. 선호도와 수익성에 따라 채굴자가 선택할 수 있다.

• 추가 기능(Features): 각 풀이 제공하는 실시간 모니터링, 자동 환전, 보안 기능(2FA 등), 통계 대시보드, 모바일 앱 지원 여부 등을 참고하라.

비트코인 결제

비트코인을 축적할 수 있는 마지막 방법은 비즈니스에 비트코인 결제를 도입하는 것이다. 비트코인을 최초로 만든 사토시 나카모토도 채굴보다도 결제를 통한 비트코인 확산을 선호한 것으로 보인다. 비트코인은 전자화폐이기 때문이다. 채굴자 또는 채굴업자들이 비트코인을 공급하면 비트코인 1개를 1억 분의 1로 쪼개서 실제 상거래에 쓸 수 있다고 생각했다. 비트코인 초창기에는 비트코인 가격이 너무 낮았기 때문에 1달러 짜리 물건을 사는 데에도 수천 개의 비트코인이 필요했다. 비트코인을 이용한 최초의 상거래는 사실 피자였다.

당시 시세로 1만 비트코인은 41달러 정도였다. 비트코인으로 물건을 살 수 있다는 것이 증명된 것이다. 피자 가게에서 비트코인을 직접 결제한 것은 아니다. 게시판 글을 읽고 비트코인에 대해 관심 있는 다른 누군가가 달러로 피자를 사서 보낸 것이었다.

2010년 5월, 미국 플로리다 주 잭슨빌에 사는 한 채굴자가 누군가 피자 두 판을 나에게 보내준다면 비트코인 1만 개를 주겠다고 인터넷 게시판에 올렸다. 5월 22일 실제로 이 채굴자에게 피자 두 판이 배달됐다. 해당 채굴자는 인증 사진도 올렸다. 사진 속 아기 손은 해당 채굴자의 딸로 보인다.

비트코인 커뮤니티에서는 비트코인을 이용한 최초의 상거래로 이날을 기념하고 있다. 5월 22일이 바로 '비트코인 피자데이'다.

최초 피자데이에 거래된 피자 두 판의 가격은 1만 비트코인, 지금 시세로는 1조 5,000억 원에 달한다. 만약 그 피자 가게 주인이 비트코인 1만 개를 실제로 받았고, 아직도 보유하고 있다면? 이 에피소드는 비트코인 초기 참여자들이 얼마나 엉뚱한 실험을 했는지와 비트코인의 강력한 상승 잠재력을 동시에 보여준다.

지금도 비트코인 결제는 세계 곳곳에서 이뤄지고 있다. 미국에서는 고급 자동차, 부동산 거래에 비트코인이 이용되기도 한다. 비트코인 결제를 위해서는 소비자와 서비스 제공자가 모두 비트코인 지갑을 보유하고 있어야 하고, 물건 매매에 따르는 회계 처리도 별도로 진행해야 하는 번거로움이 있다. 결제 처리 시간도 다소 오래 걸린다. 비트코인을 실제 상거래에 좀 더 쉽게 적용하기 위한 서비스가 있으나 아직 초기 단계에 머물러 있다. 국내에서도 비트코인을 결제에 이용하는 자영업자들이 존재한다.

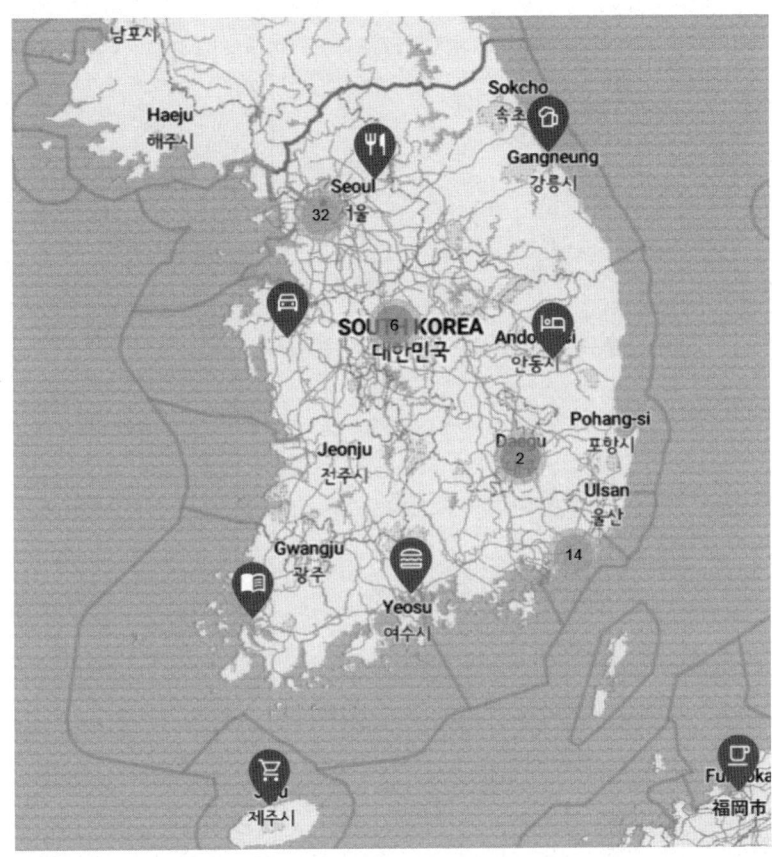

비트코인 결제 사이트(https://btcmap.org/map#7/36.30960/127.51633)에서는 카페, 빵집, 펜션 등을 지도에 표시하고 있다.

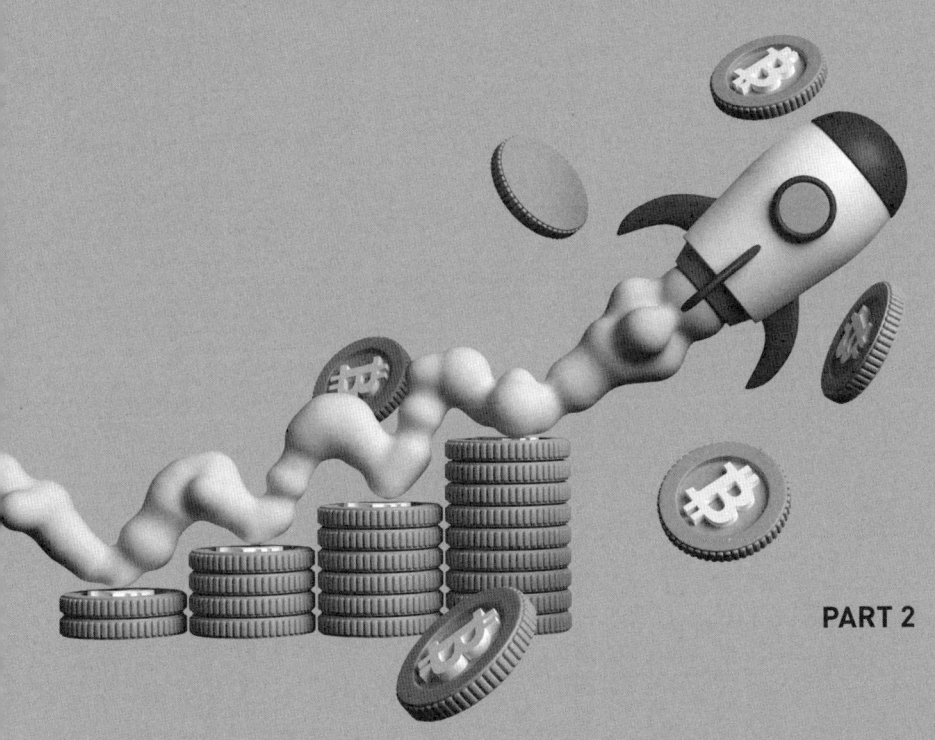

PART 2

비트코인 자산의
법적 성격

　비트코인에 투자하기로 결정했다면, 우리나라가 비트코인에 대해 어떠한 법적인 지위를 부여하는지 알아보아야 한다. 우리나라 헌법은 재산권의 보호를 규정하고, 이에 따라 돈이나 주식, 채권 등의 자산을 법률과 제도로 보호한다. 어떠한 자산이 법적인 지위를 가졌다고 한다면 우리나라는 그것을 법제화하고 보호하는 최소한의 안전장치를 마련하고 있다는 말이기도 하다. 그렇다면 우리나라는 비트코인을 어떤 법과 제도로 보호하고 있을까?

2-1

비트코인에 대한
국내법의 정의

비트코인의 법제화

비트코인을 비롯한 여러 코인들은 '가상자산'이라는 단어로 통칭된다. 법에서는 이러한 가상자산의 정의를 명확하게 내리고, 대부분의 코인이 여기에 해당할 것이다.

가상자산 이용자 보호 등에 관한 법률 제2조

제2조(정의) 이 법에서 사용하는 용어의 뜻은 다음과 같다.
"가상자산"이란 경제적 가치를 지닌 것으로서 전자적으로 거래 또는 이전될 수 있는 전자적 증표(그에 관한 일체의 권리를 포함한다)를 말한다. 다만, 다음 각 목의 어느 하나에 해당하는 것은 제외한다.

이처럼 가상자산의 정의는 매우 폭넓다. 현재 존재하는 상장 코인의 전부와 비상장 코인의 전부가 들어가므로, 우리가 아는 코인이라면 모두 가상자산이라고 보아도 된다. 특히 업비트 등 거래소에 상장된 코인은 모두 법에서 보호하는 가상자산에 속한다.

NFT(Non-fungible token, 대체 불가능 토큰)는 종류에 따라 다르나, 일반적으로는 가상자산이용자보호법상 '가상자산'에 포함되지 않는다고 해석된다. 또한, 아직 발행되지는 않았지만 한국은행이 CBDC(Central Bank Digital Currency, 중앙은행 디지털 화폐)를 발행한다면 그 CBDC는 국가 공인 화폐이므로 가상자산이 아니다.

'가상자산'이라는 단어를 법에 명시한 법률은 「가상자산 이용자 보호 등에 관한 법률(약칭: 가상자산이용자보호법)」, 「특정 금융거래정보의 보고 및 이용 등에 관한 법률(약칭: 특금법)」을 비롯하여 「소득세법」, 「지방세법」 등이다. 주로 재산과 관련된 법에 많이 열거되어 있다는 사실을 알 수 있다. 이렇게 법에 비트코인을 비롯한 가상자산이 반영된 것은 비교적 최근이다.

국회의원이 법을 발의하고, 그 법이 각종 위원회와 법제사법위원회 등을 통과하면 국회 본회의에서 투표가 진행되고, 의원 과반수의 출석, 출석 의원 과반수의 찬성을 얻으면 그 법률은 가결된다. 그리고 대통령이 거부권을 행사하지 않으면 이 법률은 공포되고, 일정 기간이 지난 후 시행된다. 가상자산이용자보호법이 바로 이러한 과정을 거쳐 시행되었다.

법의 제정 과정을 보면, 이미 상당한 경제적 가치를 가진 가상자산의 규제 필요성이 절실한 상황에서 법적인 공백을 메워야만 한다는 현실적인 필요성이 많이 반영되었다. 특히 주가 조작 같은 가상자산의 시세 조종이 많아 이를 규제하기 위한 처벌 규정을 만들어 건전한 시장을 조성하려는 노력이 반영되었던 것으로 보인다.

법을 만들거나 고치는 것은 현실적 문제를 해결할 필요성이 있기에 이뤄진다. 우리는 법의 제정, 개정 이유의 요약문을 국가법령정보센터에서 찾을 수 있다. 가상자산 관련 법률은 가상자산을 이용한 시세 조종, 환치기 등이 사회적 문제가 되자 이러한 사항을 규제할 필요성이 대두되어 만들어졌다. 가상자산이용자보호법의 제정 이유를 보면 법을 만들었어야 할 현실적인 문제들을 알 수 있다.

가상자산 이용자 보호 등에 관한 법률 제정 이유

> 가상자산 이용자 자산의 보호와 불공정거래행위 규제 등에 관한 사항을 정함으로써 가상자산 이용자의 권익을 보호하고 가상자산시장의 투명하고 건전한 거래질서를 확립함.

위와 같이 가상자산을 직접적으로 규제하고 정의하는 가상자산이용자보호법은 가상자산 관련 시세 조종이나 거래소의 파산으로 투자자들이 손해를 보는 것을 방지하기 위한 목적으로 만들어져 2024년 7월 18일부터 시행되었다.

가상자산이용자보호법은 말 그대로 투자자들의 가상자산을 보호하기 위한 다양한 조치를 규정했다. 이 법에 따라 업비트, 빗썸 등 거래소에는 투자자들이 예치한 가상자산을 제3의 기관에 예치하는 등 보호 조치를 실시하고, 시세 조종을 처벌한다. 최근 시행된 법이라 아직까지 이 사건과 관련된 대법원 판결은 나오지 않았지만, 현재에도 다수의 가상자산이용자보호법 관련 사건이 진행 중이며, 조만간 다양한 판결이 선고될 것으로 보인다.

특정 금융거래정보의 보고 및 이용 등에 관한 법률 개정 이유 (2020. 3. 24., 일부 개정)

가상자산거래는 익명성이 높아 자금세탁 및 공중협박자금조달의 위험성이 높음에도 불구하고 현재 그 위험성을 예방하기 위한 법적·제도적 장치가 마련되어 있지 않은 상황임. 한편, G20 정상회의와 자금세탁방지기구(FATF) 등의 국제기구에서는 자금세탁방지 및 공중협박자금조달금지를 위한 국제기준을 제정하고, 회원국들에게 이를 이행할 것을 요구하고 있음. 이에 가상자산사업자에 대해서도 자금세탁행위 및 공중협박자금조달행위의 효율적 방지를 위한 의무를 부과하고, 금융회사 등이 가상자산사업자와 금융거래를 수행할 때 준수할 사항을 규정하려는 것임.

가상자산이용자보호법 이전에는 특금법이 있었다. 그러나 특금법이 비트코인을 비롯한 코인과 큰 관련이 있다고 보기는 어렵다. 왜냐하면 특금법은 가상자산을 중점적으로 다루는 법이 아니었기 때문이다. 특금법은 범죄 수익으로 사용될 수 있는 불법 자금의 자금 세탁을 방지하기 위한 목적으로 2001년에 탄생했으니 비트코인이 세상에 나온 2009년보다 더 이전부터 존재한 법이었다. 다만, 비트코인을 비롯한 가상자산이 시세가 크게 상승하며 사람들의 주목을 받고, 가상자산이 불법 자금으로도 많이 사용되는 문제가 있었고, 이를 규제할 필요성이 생겼다. 이에 따라 국회는 특금법에 가상자산 관련 조항을 추가함으로써 코인 거래소를 아무나 개설할 수 없도록 국가가 제한하고, 거래소들에게 코인의 입출금과 관련된 자금 출처를 조사하도록 규제했다. 이 내용을 담은 개정 특금법이 2022년 3월 25일부터 시행되었으니, 이 조치로 인해 특금법은 가상자산이용자보호법이 나오기 전까지 가상자산을 규제한 1호 법안이라고 할 수 있다.

그렇다면 특금법 이전에는 비트코인을 비롯한 가상자산을 규율하는 법이 없었을까? 그렇다. 비트코인이 세상의 주목을 받게 된 것은 비교적 최근이다. 따라서 비트코인이 주목을 받자 가상자산 관련 규제의 필요성을 뒤늦게 느낀 국회에서 관련 법안을 통과시킨 것이고, 그 과정에는 상당한 시간이 걸렸다.

특히, 법이 제정되기 전 비트코인 관련 사건이 벌어졌을 때 법원이 취했던 태도를 본다면, 그 혼란한 상황을 알 수 있다.

다음 판결은 2020년 2월 14일에 선고되었는데, 그 시기는 가상자산과 관련된 어떠한 법도 없었다고 볼 만한 시기다. 법원도 비트코인을 원화와 같은 화폐(법정 화폐 같은 강한 법적인 규제와 보호를 받음)인지, 증권(자본시장법의 규제와 보호를 받음)인지, 상품(대부분의 물건과 같이 보호됨)인지, 기타 금융투자상품(자본시장법의 규제와 보호를

수원지방법원 평택지원 2020. 2. 14. 선고 2019고합56 판결 중 일부

가상화폐는 별도의 청산 및 결제 과정을 거치지 않고 교환의 매개물로 사용되는 점에서 금전과 유사하다고 할 것이나, 특정한 발행주체가 존재하지 않고 국가에 의하여 강제적인 통용력이 인정되지 않으며, 전자화된 정보의 형태로만 존재한다는 점에서 차이를 지닌다. 이러한 가상화폐에 대하여는 그 법적성격이 '화폐', '유가증권', '상품', '금융투자상품' 등 중에서 무엇에 해당하는지 여전히 논의 진행 중이다.

받음)인지 구분하지 못했다. 오늘날에는 기존 자산에 가상자산을 편입하는 것이 아니라, 기존의 어떤 자산과도 다른 '가상자산'이라는 별도의 정의를 통해 가상자산을 정의하고 규율하는 방향으로 법이 제정되고 있다.

법은 현실의 문제를 해결하는 규칙이자 도구이므로, 문제가 발생하는 시점에 법이 만들어진다. 예측 가능한 문제라면 현실 세계에서 문제가 될 만한 사안을 대비해 선제적으로 법을 제정하는 경우도 있지만, 비트코인 같은 가상자산은 그러한 경우가 전혀 아니었다. 비트코인이 인기를 얻자 뒤늦게 문제를 인식한 국회가 법을 제정한 것이다. 다만, 비트코인 관련 법이 없던 때에도 법원은 법률의 해석을 함에 있어 현실적인 측면을 고려하여 비트코인의 재산적 가치를 인정해 왔다.

비트코인 등 가상자산의 규제 정책과 제도권 자산 편입

비트코인 시세가 폭등하고 투기적 수요가 몰리자, 국회에서는 서둘러 가상자산이용자보호법과 특금법을 만들었다. 그러나 법의 제정과 시행은 매우 느리기 때문에, 정부에서 먼저 비트코인과 관련된 규제 정책을 펼쳤다.

정부 차원에서 가상자산에 대해 대대적인 규제 정책을 시작한 것은 2017. 12. 13. 「가상통화 관련 긴급대책」이라는 정부 대응 방안의 발표다. 이 대책은 그동안 법의 회색지대에 있었던 사항들을 전면적으로 금지하거나 제한하는 조치들이었다. 구체적으로는 ICO(가상화폐 공개) 금지, 환치기 단속, 거래소의 개인정보 관리 점검, 산업단지의 채굴 업체 단속, 미성년자와 외국인의 가상자산 거래 제한, 금융 기관의 코인 보유 금지 등을 담았다.

이 대책은 국가가 실제로 이들을 처벌하거나 단속하는지와 무관하게, 정부의 영향이 미치는 거래소 등 사업자와 은행 등 금융 기관을 움직였으며, 이 대책의 위헌을 다투는 헌법소원이 접수되기도 했다(헌법재판소 2021. 11. 25. 선고 2017헌마1384 전원재판부 결정). 헌법재판소는 헌법소원의 판단 대상에 해당하지 않는다며 헌법소원을 각하했으나, 재판 과정에서 나온 주장을 종합해 보면 정부는 가상자산을 투기적 자산으로 간주하고 금지하려는 기조를 강하게 가지고 있음을 확실히 알 수 있었다.

그러나 국내 ICO 등의 금지를 골자로 하는 대책이 있었음에도, 우리나라 사업자들은 싱가포르 등 국외에 페이퍼 컴퍼니를 설립한 뒤 코인을 발행해 우리나라 거래소에 상장시키기도 했다. 그 과정에서 사기 혐의가 있는 경우를 제외하고, ICO 자체로 인한 직접적인 처벌은 현재까지 없었다. 그러나 우리나라가 규제를 할 방법은 아주 다양하므로, 가상자산 관련 사업자들은 사업의 확장과 처벌의 위험성을 모두 고려하여 외줄타기를 하듯 사업을 진행해 왔다.

2022년 3월 25일 특금법 개정으로 거래소들은 인터넷진흥원의 ISMS 인증(정보보호 관리체계 인증)과 은행의 실명 계좌를 발급받아야 본격적으로 가상자산 거래소를 운영할 수 있게 되었다. 따라서 난립하던 여러 거래소들이 대량으로 문을 닫고 소수의 거래소만 살아남았다. 2024년 7월 18일 가상자산이용자보호법이 시행된 이후에는 거래소를 통한 시세 조종 등 불공정 거래 행위를 처벌하는 등 소비자 보호 조치가 강화되는 추세다.

이처럼, 우리나라는 가상자산을 이용한 불법 행위를 처벌하고 투자자 보호를 위해 거래소 등 가상자산 사업자들을 압박하는 정책을 펼치고 법을 만들었지만, 이것은 가상자산의 시장 전체적으로 볼 때 나쁜 소식만은 아니다. 정부가 법과 정책으로 투자자 보호를 위한 다양한 규제를 실시하는 것은, 가상자산을 제도권 자산에 편입해 법적인 보호를 제공하려는 취지도 있으므로, 가상자산 투자자들과 사업자들은 정부의 감독을 받는 동시에 정부의 보호도 받는 것이다. 그 결과 우리나라의 가상자산 사업자들은 모두 정부에 신고를 마치고 운영해야 하며, 이들은 엄격한 자산 관리

의무, 자금 세탁 방지 의무, 투자자 보호 의무를 부담한다.

한편 가상자산 관련 제도를 선제적으로 도입한 미국은 2021년 10월 15일 비트코인 선물 ETF를 승인하고, 2024년 1월 10일 비트코인 현물 ETF를 승인하는 등 비트코인을 제도권 자산으로 편입했고, 자본 시장에서 상당한 비중을 차지하고 있다.

또한 비트코인을 비롯한 가상자산 시장에 호의적인 도널드 트럼프 대통령 정부가 탄생했으므로 가상자산 시장의 전망은 밝은 편이다. 미국과 같이 우리나라도 현실적인 측면을 고려해 볼 때, 가상자산을 더 제도권 자산으로 편입하려는 움직임을 가속화할 것으로 보인다.

미래의 디지털자산기본법 제정 움직임

가상자산 관련 법률은 현재 1단계 법안이 시행되고 있는 상태로, 추가적인 개정 및 '디지털자산기본법' 등의 제정을 통한 대대적인 개편이 확실시된다. 2025년 6월 10일 더불어민주당 민병덕 국회의원의 대표 발의로 '디지털자산기본법안'이 제안된 상태다. 이 법은 현재 본회의 통과 여부가 확실치 않으나, 미래 가상자산 관련 법안이 어떻게 변할지 예측할 수 있는 유용한 법안이다.

새로운 디지털자산기본법의 주요한 내용은 ① 가상자산 관련 투자 자문, 투자 일임 등 자본시장법에 있었던 다양한 투자 관련 사업 유형을 가상자산에도 규정하는 것, ② 가상자산 거래소와 같이 규제 필요성이 높은 사업자는 심사를 강화하고 가상자산의 유사 투자 자문과 같이 규제 필요성이 낮은 사업자는 심사를 간소화하는 것, ③ 금융소비자보호법에서 규정하던 불건전 영업 행위 등을 가상자산 사업자에게도 적용하는 것, ④ 스테이블코인(가치가 고정된 가상자산) 등의 발행을 허용하는 것, ⑤ 시세 조작 등의 처벌을 강화하는 것, ⑥ 협회 등을 두어 자율 규제 기구를 만드는 것 등이 있다.

새로운 법안의 내용은 가상자산을 법적인 자산으로 인정하며 이를 다루는 사업자들에게도 윤리적인 책임을 묻는 과정을 담고 있으므로, 우리나라도 점점 가상자산에 투자하기 좋은 환경이 만들어지고 있는 것이다. 향후 입법 방향을 잘 지켜볼 필요가 있다.

비트코인의 법적인 지위를
알 수 있는 판결

민사상 비트코인의 재산적 가치 인정

우리는 뉴스에서 다양한 사건을 접하게 되는데, 우리가 접하는 대부분의 사건은 형사사건일 것이다. 형사는 잘못을 저지른 사람을 처벌하는 절차로서 사실 관계를 파악하기 좋고, 그에 대한 처벌도 벌금형 또는 징역형 등으로 이해하기 쉽기 때문에 뉴스 매체는 형사 사건을 자주 보도한다. 하지만 우리가 중요하게 보아야 할 것들 중에 민사적인 부분도 있다. 민사 사건은 보통 돈을 주고받는 문제로 나타난다. 비트코인이 재산이라면, 당연히 민사소송의 대상도 될 것이다. 법원은 가상자산이용자보호법과 특금법 시행 이전에도 형사 사건과 민사 사건 모두에서 비트코인의 재산적 가치를 인정해 왔다. 법원이 그러한 판결을 내린 사례를 살펴보자.

우리가 일상적으로 생각하는 민사 소송의 판결문은 "피고는 원고에게 1,000,000원을 지급하라"는 등 일정 금액의 돈을 지급하라고 명령하는 것을 기본으로 한다.

그렇다면 비트코인을 지급하라고 할 때에는 어떻게 할까? 아쉽게도 비트코인은 우리나라에서 화폐나 화폐에 준하는 자산으로는 인정받지 못하므로, 법원에서는 비트코인을 화폐보다는 대체 가능한 재산에 가깝게 취급하여 판결에 반영하고 있다. 예를 들어 물건에 대해 판결을 내릴 때에는 물건을 특정하고, 강제 집행이 안 될 경우 그 물건을 돈의 가치로 환산해서 돈을 지급하라고 한다. 그 물건은 수량, 품질, 규격 등이 동일해 대체 가능하다는 것을 전제로 한다. 비트코인도 마찬가지다.

대전지방법원 2021. 9. 29. 선고 2019가단12098판결 주문 일부

피고는 원고에게 비트코인 암호화폐 1.20663748비트코인(BTC)을 인도하라. 위 비트코인 암호화폐에 대한 강제 집행이 불능일 때에는 비트코인 암호화폐 1비트코인(BTC)당 46,062,000원의 비율로 환산한 돈을 지급하라.

이처럼 법원은 비트코인을 물건처럼 취급하되, 비트코인 지급이 불가능할 경우 원화로 환산한 돈을 지급하라고 판결했다. 다만 비트코인을 비롯한 가상자산이 수년 사이에 가격이 폭등한 결과, 사람들은 비트코인을 지급하지 않고 시간이 한참 지난 뒤 원화로 환산한 돈을 지급하려는 경향을 보이므로, 법원의 판결은 가상자산의 가격 변동성을 제대로 반영하지 못한다는 한계도 보인다.

어쨌든 위와 같이 법원은 비트코인을 대상으로 한 소송에서 비트코인을 곧바로 인도하라는 판결을 내리고, 강제 집행이 불가능할 경우 원화로 환산한 돈을 지급하라는 판결을 내리고 있다. 즉, 비트코인에 대해 적어도 '물건'과 같은 지위를 실무적으로 인정하는 것이다.

비트코인의 형사법적 보호

우리가 비트코인을 자산으로 인정받기 위해서는, 국가가 비트코인을 '자산'으로 인정해야 할 것이다. 가상자산을 '경제적 가치가 있는 전자적 증표'라고 가상자산이용자보호법에서 명확히 규정하기 전부터 법원은 비트코인의 경제적 가치를 인정했고, 기존 법률에 따라 보호했다.

대법원 2021. 11. 11. 선고 2021도9855 판결 중 일부

> 비트코인은 경제적인 가치를 디지털로 표상하여 전자적으로 이전, 저장과 거래가 가능하도록 한 가상자산의 일종으로 사기죄의 객체인 재산상 이익에 해당한다.

특히, 비트코인을 '재산상 이익'으로 판단해 비트코인을 편취한 범인을 처벌한 판결이 이어져 왔던 것은 비트코인이 단순히 데이터 덩어리가 아니라 경제적 가치를 지닌 분명한 재산이라는 점을 명확히 해온 것으로 평가된다. 반면, 비트코인을 원화와 같은 법정 화폐와 다르므로 법적인 보호를 강하게 제공하지 않겠다는 판결도 존재한다.

대법원 2021. 12. 16.선고 2020도9789 판결 중 일부

가상자산은 국가에 의해 통제받지 않고 블록체인 등 암호화된 분산원장에 의하여 부여된 경제적인 가치가 디지털로 표상된 정보로서 재산상 이익에 해당한다 (대법원 2021. 11. 11. 선고 2021도9855 판결 참조).

이와 같은 가상자산에 대해서는 현재까지 관련 법률에 따라 법정 화폐에 준하는 규제가 이루어지지 않는 등 법정 화폐와 동일하게 취급되고 있지 않고 그 거래에 위험이 수반되므로, 형법을 적용하면서 법정 화폐와 동일하게 보호해야 하는 것은 아니다.

라. 원인불명으로 재산상 이익인 가상자산을 이체받은 자가 가상자산을 사용·처분한 경우 이를 형사처벌하는 명문의 규정이 없는 현재의 상황에서 착오송금 시 횡령죄 성립을 긍정한 판례(대법원 2010. 12. 9. 선고 2010도891 판결 등 참조)를 유추하여 신의칙을 근거로 피고인을 배임죄로 처벌하는 것은 죄형법정주의에 반한다.

위 판결은 그리스 국적인 사람이 소유한 비트코인이 우연히 자신의 지갑에 들어온 것을 확인한 피고인이, 그 비트코인을 돌려주지 않고 다른 지갑으로 빼돌린 사건이다. 검찰은 횡령죄와 배임죄로 피고인을 기소했다. 이에 대해 대법원은 자신의 계좌에 들어온 다른 사람의 돈을 빼돌리면 배임죄로 처벌하는 현행법 내에서, 비트코인을 법정 화폐와 같이 보호할 필요가 없으므로 배임죄로 처벌할 수 없다며 무죄 취지의 판결을 내렸다. 또한, 횡령죄는 '재물'을 대상으로 하는 범죄인데, 비트코인은 재물이 아닌 재산상 이익이므로 횡령죄도 무죄라고 판단했다.

화폐는 우리나라에서 강하게 보호된다. 우리나라에서 다른 사람의 계좌에 법정 화폐인 원화를 실수로 이체할 경우, 예금보험공사가 착오 송금 반환을 지원한다. 또한, 원화를 받은 사람이 돈을 돌려주지 않고 빼돌린다면 횡령죄나 배임죄로 처벌된다. 따라서 우리나라는 현행법상 비트코인을 비롯한 가상자산을 원화에 비해서는 형사적으로 덜 보호함을 알 수 있다.

반면 원금을 보장하며 다수로부터 출자금을 불법적으로 모집하는 다단계 사건에서 자주 보이는 「유사수신행위의 규제에 관한 법률」의 경우, 과거에는 처벌 대상을 법정 화폐로 한정했으나 최근 가상자산을 포함하여 처벌할 수 있게 하는 등 규제를 강화하는 움직임을 보인다.

2-3

비트코인의 투자, 상속, 증여 과정에서
반드시 알아야 하는 법적 조건

상속세 및 증여세법과 소득세법

비트코인은 실물 화폐처럼 법적으로 강한 보호를 받지는 못하지만, 국회에서 가상자산 관련 법을 제정하며 제도화된 자산으로 편입하며 두텁게 보호해 나가는 추세임은 분명하다. 이때 비트코인을 재산으로 가진 상태에서 상속하거나 증여할 경우 우리가 알아야 할 필수적인 법 지식이 있다.

비트코인의 상속과 증여를 알아보기 위해서는 먼저 상속과 증여 관련 법의 성격에 대해 알아보아야 한다. 상속과 증여 관련 법은 「상속세 및 증여세법」(이하 상증세법)이다. 세법에서 과세 대상을 정하는 방식은 '포괄주의'와 '열거주의'가 있다.

소득세법 제4조

제4조(소득의 구분) ① 거주자의 소득은 다음 각 호와 같이 구분한다. 「개정 2013. 1. 1., 2020. 12. 29., 2024. 12. 31.」

1. 종합소득

이 법에 따라 과세되는 모든 소득에서 제2호 및 제3호에 따른 소득을 제외한 소득으로서 다음 각 목의 소득을 합산한 것

가. 이자소득

나. 배당소득

다. 사업소득

라. 근로소득

마. 연금소득

바. 기타소득

2. 퇴직소득

2의2. 삭제

3. 양도소득

② 제1항에 따른 소득을 구분할 때 다음 각 호의 신탁을 제외한 신탁의 이익은 「신탁법」 제2조에 따라 수탁자에게 이전되거나 그 밖에 처분된 재산권에서 발생하는 소득의 내용별로 구분한다.1. 「법인세법」 제5조제2항에 따라 신탁재산에 귀속되는 소득에 대하여 그 신탁의 수탁자가 법인세를 납부하는 신탁

2. 「자본시장과 금융투자업에 관한 법률」 제9조제18항제1호에 따른 투자신탁 (제17조제1항제5호에 따른 집합투자기구로 한정한다)

3. 「자본시장과 금융투자업에 관한 법률」 제251조제1항에 따른 집합투자업겸 영보험회사의 특별계정

4. 제17조제1항제5호의3에 따른 수익증권이 발행된 신탁

③ 비거주자의 소득은 제119조에 따라 구분한다.

「소득세법」 제4조를 보면, 소득의 구분을 이자소득, 배당소득, 사업소득 등 하나하나 열거해 두었음을 알 수 있다. 따라서 법 제4조의 구분에 포함되지 않는 소득이 있다면, 소득세를 내지 않아도 된다.

소득세법 제21조 제1항 제27호, 제21조 제5항

제21조(기타소득)
① 기타소득은 이자소득·배당소득·사업소득·근로소득·연금소득·퇴직소득 및 양도소득 외의 소득으로서 다음 각 호에서 규정하는 것으로 한다.

27. 「가상자산 이용자 보호 등에 관한 법률」 제2조제1호에 따른 가상자산(이하 "가상자산"이라 한다)을 양도하거나 대여함으로써 발생하는 소득(이하 "가상자산소득"이라 한다)

⑤ 기타소득의 구체적 범위 및 계산방법과 그 밖에 필요한 사항은 대통령령으로 정한다. 「개정 2015. 12. 15., 2020. 12. 29.」
[전문개정 2009. 12. 31.]
[시행일: 2027. 1. 1.] 제21조제1항제27호

우리는 현재 비트코인을 사고팔아 시세 차익을 얻은 경우, 소득세를 전혀 내지 않는다. 그 이유는, 소득세법상 비트코인은 그 어디에도 열거되어 있지 않기 때문이다. 최근 국회에서 여야 합의로 가상자산 시세 차익에 대한 과세를 2027년까지 미루기로 합의한 것은 소득세법 제21조의 '기타소득'에 가상자산 소득을 산입하는

시기를 2027년까지 미루기로 합의함으로써 가능하게 된 것이다. 즉, 현재 시점에서는 소득세법에 비트코인이 '열거'되어 있지 않으므로, 과세할 수 없다. 이것이 열거주의다.

반면, 상증세법은 소득세법처럼 하나하나 열거하지 않는다. 상증세법은 포괄주의를 채택하여 모든 재산적 가치가 있는 재산에 대해 예외 없이 적용된다.

상속세 및 증여세법 제2조 3호, 제2조 7호

제2조(정의) 이 법에서 사용하는 용어의 뜻은 다음과 같다.

3. "상속재산"이란 피상속인에게 귀속되는 모든 재산을 말하며, 다음 각 목의 물건과 권리를 포함한다. 다만, 피상속인의 일신(一身)에 전속(專屬)하는 것으로서 피상속인의 사망으로 인하여 소멸되는 것은 제외한다.
가. 금전으로 환산할 수 있는 경제적 가치가 있는 모든 물건
나. 재산적 가치가 있는 법률상 또는 사실상의 모든 권리

7. "증여재산"이란 증여로 인하여 수증자에게 귀속되는 모든 재산 또는 이익을 말하며, 다음 각 목의 물건, 권리 및 이익을 포함한다.
가. 금전으로 환산할 수 있는 경제적 가치가 있는 모든 물건
나. 재산적 가치가 있는 법률상 또는 사실상의 모든 권리
다. 금전으로 환산할 수 있는 모든 경제적 이익

조문을 보더라도 상속과 증여에 있어 법이 적용되는 대상은 화폐, 주식, 채권, 부동산 등 뿐만 아니라 물건, 저작권 등의 권리, 비트코인 등 가상자산까지 모두 포함될 것이 명백하다. 이렇게 대상

재산을 하나하나 열거하지 않고 포괄적으로 규정하므로, 상증세법은 '포괄주의'를 택한 것이다. 따라서 상증세법에 따라 비트코인을 상속받거나 증여받았다면, 법의 개정 여부와 무관하게 상속세 또는 증여세를 내야 한다.

이때 상속세와 증여세 부과 기준이 되는 가상자산 가격은 홈택스의 '가상자산 일평균가격 조회(https://hometax.go.kr/websquare/websquare.html?w2xPath=/ui/pp/index_pp.xml&menuCd=search&searchInfo722458995)' 탭에서 확인할 수 있고, 기준일로부터 앞뒤로 1개월간 가격의 평균으로 계산한다. 홈택스에는 국내 거래소에

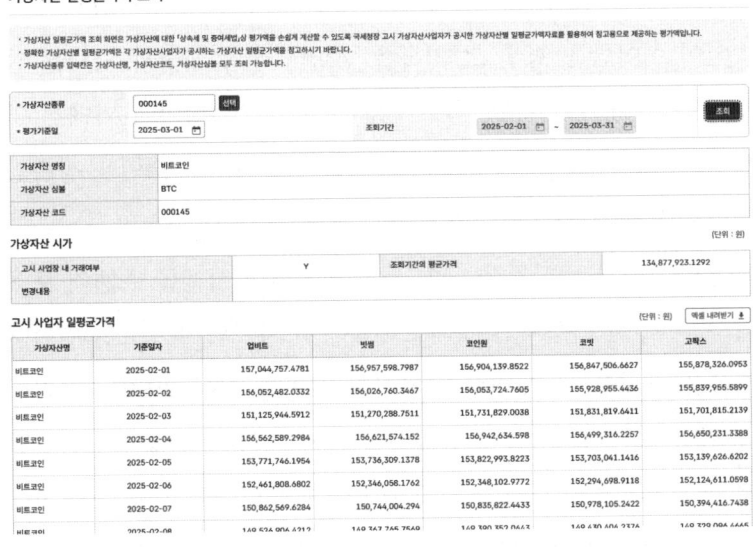

2025년 3월 1일 홈택스 가상자산 일평균가격 조회에서 비트코인의 가격을 검색한 화면이다.

있는 대부분의 가상자산이 모두 포함되어 있다. 그러나 국외 거래소에만 상장된 가상자산은 홈택스에서 찾기 어려우므로 국외 거래소에만 상장된 가상자산이 상속이나 증여의 대상이 된 경우 그 거래소의 가격을 기준으로 스스로 계산해야 한다.

비트코인 상속 사례

비트코인 상속은 이미 많은 사람들이 개인 지갑을 통해 이용하고 있다. 그러나 상속의 효력이 발생한다 하더라도, 그로 인해 어떻게 상속세를 부과할 것인가는 다른 문제이므로 법과 현실 간의 괴리가 존재한다.

비트코인을 가상자산 거래소에서 보관하던 사람이 사망하여 상속인이 이어받을 경우 그 기록은 명확히 상속 시점과 시세를 알 수 있게 설계되어 있고, 상속세가 부과된다. 가상자산 거래소 역시 국내법에 따라 상속인에게 사망한 가족의 비트코인을 상속인 확인 후 잘 인도해 주고 있다.

실제로 내가 가상자산 상속 사건을 처리한 사례를 소개해 보겠다. 미국의 한 가상자산 거래소에 8억 원 가량의 비트코인과 이더리움을 예치해 둔 어머니가 갑자기 사망한 일이 있었다. 그런데 그 가상자산 거래소를 운영하던 회사가 미국 델라웨어 파산법원에 파산을 신청하여 매각 절차를 진행 중이다. 상속인들은 어머니가 그 거래소에 가상자산을 보관하고 있었다는 사실을 뒤늦게 알았고, 신고 기간이 지난 다음이었다. 이때 가상자산을 수령할 권리가 있는 자녀들을 대리해 미국 파산법원에 '기한 후 신고 절차'를 진행하며 기한 내 신고를 하지 못한 사유를 설명하자 법원에서 어머니가 예치한 비트코인과 이더리움을 상속인들에게 지급했고, 상속세도 정확히 산정되었다. 이는 거래소가 미국 델라웨어 법원의 파산 절차 및 상속법을 준수하기 때문에 가능했던 일이다. 대부분의 소액 투자자들은 비트코인을 코인 거래소에 보관할 텐데, 코인 거래소는 중앙화된 관리 기관이므로 파산과 같이 특별한 경우가 아니라면 국내외를 막론하고 상속과 관련된 법적인 효과를 적용받을 수 있다. 중앙화 거래소는 상속법을 포함하여 현지 법률을 적용받기 때문이다.

위 사례에서는 파산 법원이 안전하게 가상자산 거래소의 비트코인을 돌려주었으므로 성공적인 상속 사례가 되었다. 하지만 FTX거래소 등 대부분 거래소가 파산하는 경우 거래소에 비트코인을 보관한 사람은 거래소에 예치한 가상자산이 사라지는 경우가 많았으므로 위험에 크게 노출되어 있다. 따라서 비트코인을 많이 보유한 사람들은 안전을 위해 거래소가 아닌 개인 지갑에 보관하는 경우가 많다.

비트코인 상속 사례가 기존의 자산 상속과 차별화되는 점은, 비트코인 등 가상자산이 개인지갑에 보관되어 있을 때다.

비트코인을 개인지갑에 가지고 있던 사람이 사망했고, 사망자가 개인지갑에 접근할 수 있는 개인키를 남겨두지 않았다면, 상속인들은 사망자의 재산을 상속해 달라는 신청을 그 누구에게도 할 수가 없다. 특히 가상자산을 개인 지갑에 보관하는 사람들은 해킹의 위험으로부터 자신의 코인을 보호하고자 하는 마음이 매우 크기 때문에 지갑의 개인키나 복구 구문을 가족들도 모르는 곳에 숨겨두는 경우가 많다. 이때 그 사람이 갑자기 사망한다면 그 비트코인은 영원히 상속받지 못하는 재산이 되어버린다.

자산을 어디에 보관하느냐에 따라 상속법에 따라 보호받을 수 있는지 여부가 달라지는 것은 기존 자산에서는 찾아보기 힘든 특이한 경우다. 따라서 자신의 자산을 법적인 테두리에서 보호받고자 한다면 중앙화된 거래소에 보관하는 것이 좋고, 파산의 위험을 대비하고 싶고 개인키를 잘 보관할 수 있다면 개인 지갑에 보관하고 복구 구문을 안전한 곳에 백업해 두는 것이 좋을 것이다.

비트코인 증여 사례

비트코인 증여는 비트코인의 향후 전망을 어떻게 볼지에 따라 증여 제도의 효용성이 달라진다. 특히 비트코인 등 거래소에 상장된 가상자산은 환금성이 뛰어난 관계로, 현금화한 뒤 증여할 것인지, 비트코인 자체를 증여할 것인지 고민할 수밖에 없다.

먼저 증여세법에 따라, 일정 금액 이상 증여를 할 경우 증여세가 부과된다. 세법은 항상 기준이 법정 화폐인 원화를 기준으로 하므로, 비트코인의 시세가 향후 크게 상승한다고 예상한다면, 비트코인을 현금으로 바꿔 증여하기보다는 비트코인 자체를 증여하는 것이 좋을 것이다.

원화 기준으로 비트코인은 매초마다 시세가 변동한다. 이때 비트코인의 증여는 상증세법 제60조와 상증세법 시행령 제60조 제2항에 따라 증여한 시점으로 평가된다.

예를 들어, 2025년 1월 1일 기준으로 1개의 비트코인을 증여했을 때, 거래소에서 거래되는 일평균가액이 1억 5,000만 원이었

상속세 및 증여세법 제60조 제1항 제2호, 상속세 및 증여세법 시행령 제60조 제2항 제1호

법 제60조(평가의 원칙 등) ① 이 법에 따라 상속세나 증여세가 부과되는 재산의 가액은 상속개시일 또는 증여일(이하 "평가기준일"이라 한다) 현재의 시가(時價)에 따른다. 이 경우 다음 각 호의 경우에 대해서는 각각 다음 각 호의 구분에 따른 금액을 시가로 본다.

2. 「가상자산 이용자 보호 등에 관한 법률」 제2조제1호에 따른 가상자산의 경우: 제65조제2항에 규정된 평가방법으로 평가한 가액

령 제60조(조건부 권리 등의 평가)

② 법 제65조제2항에 따른 가상자산(「특정 금융거래정보의 보고 및 이용 등에 관한 법률」 제2조제3호의 가상자산을 말한다. 이하 이 항에서 같다)의 가액은 다음 각 호의 구분에 따라 평가한 가액으로 한다. 「신설 2021. 2. 17.」

1. 「특정 금융거래정보의 보고 및 이용 등에 관한 법률」 제7조에 따라 신고가 수리된 가상자산사업자(이하 이 항에서 "가상자산사업자"라 한다) 중 국세청장이 고시하는 가상자산사업자의 사업장에서 거래되는 가상자산: 평가기준일 전·이후 각 1개월 동안에 해당 가상자산사업자가 공시하는 일평균가액의 평균액

다면 과세의 대상이 되는 비트코인은 1억 5,000만 원에 대한 증여세가 부과된다.

그 뒤, 증여받은 사람은 그 비트코인의 시세가 더 오르더라도 추후 증여세를 더 내지 않아도 된다. 반면, 그 비트코인의 시세가 떨어지고 휴짓조각이 된다 하더라도 이미 납부한 증여세는 돌려받을 수 없다. 결국 비트코인의 증여는 향후 비트코인의 전망을 밝게 보는 사람들이 자주 이용하게 될 것이다.

다만, 신고하지 않은 비트코인의 증여세를 어떻게 부과할 것인지에 대해서는 현실적인 문제가 있다. 비트코인을 개인 지갑에 보관하는 경우, 비트코인 지갑은 명의라는 것이 존재하지 않으므로 외부에서 보았을 때 누구의 지갑인지 알 수가 없다. 따라서 비트코인을 증여한다 하더라도, 증여자가 수증자에게 코인을 이체하지 않고, 그 지갑 자체를 주는 방식으로 증여한다면, 국세청에서는 증여 방법, 시기, 액수를 알 수 없어 증여세를 부과하지 못하는 현실적인 문제가 발생한다. 현재 이러한 맹점을 이용해 편법 증여가 자주 일어나지만, 향후 수증자가 비트코인을 처분해 부동산 등 고액 자산을 구매할 경우 국세청이 세무 조사를 해 더 많은 세금을 매길 수 있으므로 미리 증여세를 내는 것이 유리할 수 있다.

또한, 최근 조세심판원의 가상자산 증여 사례가 나왔다. 그 사례는, 부동산을 구입한 청구인에게 국세청이 세무 조사를 벌였고, 그 과정에서 배우자로부터 가상자산을 증여받은 사실을 발견해 증여세를 부과했는데 이에 불복해 조세심판을 청구했다.

청구인은 배우자로부터 받은 가상자산은 대여한 것이지 증여한 것이 아니라고 주장했는데, 조세심판원은 대여에 대한 이자, 지급 시기, 상환 시기를 정하지도 않았고 차용증도 없다는 이유로 증여세 부과 처분이 정당하다고 결정했다.

조세심판원 2025. 2. 12. 결정 조심2024서5498

[제목] 청구인이 부동산 등의 취득자금을 배우자로부터 증여받은 것으로 보아 증여세를 부과한 처분의 당부

[결정요지] 청구인이 A에게 쟁점가상자산을 투자위임(또는 대여)하였다는 주장은 입증할만한 객관적 증빙자료를 제시하지 못하였고, 쟁점가상자산의 투자수익과 쟁점금액과의 상관관계도 확인되지 않는 점

투자계약서 등의 구체적인 증빙이 없는 이상 A에게 이전된 쟁점가상자산은 A에게 귀속되었다고 보아야 할 것이고, 해당 자산에서 발생한 투자 수익금액도 A의 가상화폐 계좌에서 발생하여 현금화된 것으로 A의 소유로 보는 것이 타당한 점 등에 비추어 이 건 부과처분은 잘못이 없음

위와 같은 결정과 대법원이 자금 출처를 제대로 소명하지 못할 경우 '증여 의제'로 간주하여 국세청의 증여세 부과를 정당화하고 있으므로, 미리 증여도 대비할 필요가 있다.

PART 2 비트코인 자산의 법적 성격

'일정한 직업 또는 소득이 없는 사람이 당해 재산에 관하여 납득할 만한 자금출처를 대지 못하고, 그 직계존속이나 배우자 등 그와 가까운 자가 증여할 만한 재력이 있는 경우에는 그 취득자금을 그 재력 있는 자로부터 증여받았다고 추정함이 옳다고 할 것

비트코인의 상속재산 분할협의

비트코인의 상속재산 분할협의는 일반적인 상속재산 분할협의와 가상자산의 상속재산 분할협의의 차이가 거의 없는 부분이다. 상속재산 분할협의는 사망자의 재산을 상속인들이 모두 함께 협의해서 분배하기로 합의하는 절차다. 어떤 사람이 사망한 경우, 그 재산은 자녀에게 1씩, 배우자에게는 1.5의 비율로 상속된다.

그런데 상속재산 분할협의는 그러한 비율과 무관하게 재산을 나누는 것이다. 이때 가장 중요한 것은, 모든 상속인이 합의해야 한다는 점이다. 상속인이 여러 명일 경우, 어느 한 명이라도 합의를 하지 않았다면 그 합의는 무효이고, 법에서 정한 상속 비율로 나누게 된다.

비트코인을 비롯한 가상자산들은 모두 재산적 가치가 있는 것으로서 당연히 상속 재산에 포함되므로 상속인들은 자유롭게 가상자산을 누가 얼마나 상속받을지 결정할 수 있다. 주의할 점은, 상속이 이뤄진 날과 상속재산 분할협의가 이뤄진 날이 다를 때,

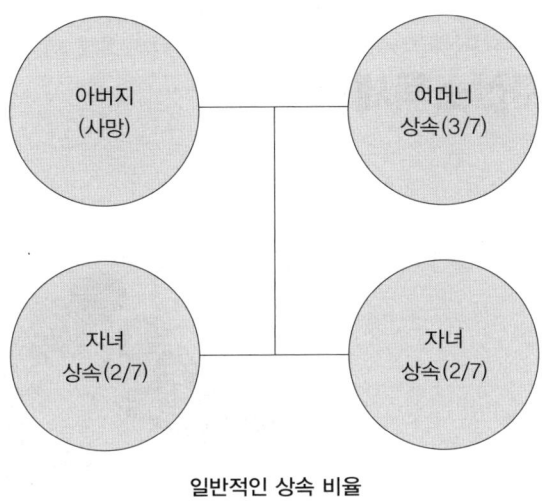

일반적인 상속 비율

일반적인 상속 비율은 자녀 1, 배우자 1.5의 비율이다.

가상자산의 가치는 협의일이 아닌 상속이 이뤄진 날을 기준으로 한다는 것이다. 따라서 협의를 함에 있어 그 가상자산의 가치는 과거의 가치를 기준으로 판단해서 결정해야 한다.

2-4
가상자산소득세의
신고

2027년 1월 1일부터 소득세법에 기타소득으로 가상자산소득세가 과세될 예정이다. 가상자산소득세는 국외주식 양도소득세와 비슷한 신고 방법을 거치게 될 것이다. 국외주식 양도소득세는 현재 국세청 홈택스 홈페이지를 이용하거나 세무서에 직접 방문하여 신고할 수 있다. 가상자산소득세 역시 비슷한 방법으로 신고를 할 것이므로 국외주식 양도소득세 납부를 하는 것과 비슷하게 가상자산소득세를 납부하게 될 것이다. 따라서 양도소득세 납부 방법을 알아보고, 추후 가상자산소득세를 신고하면 된다.

먼저 양도자산의 종류를 보면 예시에는 국외주식으로 되어 있으나, 2027년부터는 가상자산이 될 것이다. 또한 가상자산소득세는 2027년 이후 매도한 가상자산 시세에서 2026년 말 기준이 되는 가상자산 시세를 뺀 나머지 금액을 이익으로 계산한다. 따라서

기본정보(양도인) 입력

ㅇ 양도 기본정보

새로작성하기   신고서 불러오기

양도자산종류	국외	국외 주식		
*양도연월	2023 년	01 월	확인	
신고구분	○ 예정 ● 확정	✓ 기한 후 신고여부		

ㅇ 신고인(양도인)

주민등록번호	921213 - ●●●●●●●		성명	홍****
기본주소 [주소검색]	지번주소 서울특별시 강남*****			
	도로명주소 서울특별시 강남*****			
상세주소	건물명(아파트,상가)	동 514 호 ●		
*전화번호	010 - 1111 - 2222	전자우편	@ 직접입력 ∨	
*내·외국인	내국인 ∨	*국적	대한민국 국가조회	
*거주구분	거주자 ∨	*거주국가	대한민국 국가조회	

저장 후 다음 이동

주식등양도소득금액계산명세서

ㅇ 양도자산 내역

▶국내/국외구분	○ 국내주식 ● 국외주식		
사업자등록번호	☐ - ☐ - ☐ 확인		
주식종목명/상호명			
*국외자산국가	미국 국가조회	*국제증권식별번호 (ISIN코드)	US0231351067
국외자산내용			
*양도일자	2023-06-01 📅	*양도유형	매매
*취득일자	2023-06-01 📅	*취득유형	매매 ∨
*취득유형별 양도주식수	100		
*주식종류	[61] 국외주식등-중소기업외 ∨		

ㅇ 양도소득금액 계산

*양도가액(총 거래금액 입력)	주당 50,000원	5,000,000 원	
*취득가액(총 거래금액 입력)	주당 300,000원	30,000,000 원	
필요경비		100 원	
양도소득금액	전체 양도소득금액	-25,000,100 원	
	비과세 양도소득금액	2,500,000 원	
	과세대상 양도소득금액	-27,500,100 원	

ㅇ 감면종류 및 소득금액 펼침 ∨

※ '주식양도소득금액계산명세서를 입력(물건추가)하려면, 위의 항목을 입력한 후 등록(추가)하기 버튼을 누르십시오.

등록(추가)하기

홈택스 양도소득세 납부 서식

홈택스에서 양도소득세 납부(국외 주식)를 위해 작성하는 서식의 예시 화면이다.

매도년월은 2027년 이후가 될 것이고, 그에 따라 입력하면 된다.

또한 매도한 가상자산이 여러 가지인 경우 어떤 가상자산을 언제 매도했는지 모두 각각 계산한 뒤 합쳐서 신고해야 한다. 이때 가상자산 소득이 250만 원 이하일 경우 전부 과세가 면제되며, 250만 원 이상일 경우 총 이익 금액에서 250만 원이 면제된다. 그래서 그 부분을 제외한 이익 금액의 22%를 가상자산소득세로 내야 하는 것이다.

2-5
절세와 탈세,
그 애매한 법적 지위

세금은 아무도 내고 싶어 하지 않는다. 이때, 합법적으로 세금을 적게 내는 방법을 택하는 것은 '절세'라고 하고, 불법으로 세금을 적게 내는 방법을 택하는 것을 '탈세'라고 한다.

증여세법에서는 피부양자의 생활비, 교육비, 학자금, 혼수 용품 등을 과세하지 않는다고 규정했기 때문에, 피부양자에게 돈을 증여했다고 하더라도 통상적인 생활비, 교육비, 학자금 등이라면 세금을 하나도 내지 않아도 된다. 또한 부부가 결혼 생활을 유지하다가 이혼을 하는 경우, 부부는 이혼을 전제로 재산 분할을 하게 되는데, 이혼을 하며 재산 분할을 많이 받았다고 하더라도, 재산 분할은 증여나 양도에 해당하지 않기 때문에, 원칙적으로는 과세 대상이 아니다. 따라서 세금을 내지 않아도 된다. 이 사례들은 모두 자산이 실제로 이동했지만 세금을 내지 않는다는 측면에서 절세라고 할 수 있다.

그러나 교육비 명목으로 피부양자에게 돈을 지급한다고 하면서 실제로는 교육비로 쓰지 않고 단순히 증여를 받을 목적으로 사용하거나, 배우자와 이혼하며 거액의 재산을 분할해 주었는데, 부부는 실제로 이혼할 생각이 없고 부부 간 재산 증여에 따른 과세를 회피하기 위한 위장 이혼이었다면 그것은 '탈세'다. 이러한 경우 추후 사실이 밝혀질 경우 모두 세금이 부과된다.

비과세 요소를 이용한 탈세에 대해 증여세가 부과된 사례를 보자. 결혼한 자녀가 부모님에게 결혼일로부터 10개월 후 부모님으로부터 혼수와 관련된 금품이라며 4,000만 원을 받아 아파트를 매수하는 데 사용했다. 국세청은 이것에 대해 증여세를 부과했고 이에 불복한 자녀는 법원에 소송을 제기했는데, 법원은 신혼 아파트 매수 대금을 받은 것은 혼수 용품에 해당하지 않는다며 증여세를 부과해야 한다고 판결했다(의정부지방법원 2021. 1. 7. 선고 2019구합14457 판결).

또한 재산 분할을 이용한 탈세에 대해 증여세가 부과된 사례가 있다. 아내가 남편과 이혼을 하면서 남편으로부터 아파트와 8억원의 현금 등 남편의 대부분의 재산을 재산 분할로 받았는데, 이혼 이후 국세청이 탈세 제보를 받고 조사를 한 결과, 이혼 이후에도 부부가 함께 거주하고 있는 사실을 적발해 아내에게 증여세를 부과한 적이 있다. 이에 대해 아내는 재산 분할은 증여세 대상이 아니므로 증여세 부과 처분을 취소해 달라는 소송을 제기했으나,

법원은 재산 분할의 형식으로 증여받은 사실을 인정해 증여세 부과 처분이 정당하다고 판결했다(서울행정법원 2008. 6. 27. 선고 2008구합8918 판결).

　이러한 케이스를 가상자산에 적용해 볼 때, 가상자산의 증여가 거래소가 아닌 개인 지갑을 통해 이뤄질 경우 탈세 적발이 매우 어려울 것이다.

　고객 확인(KYC) 절차가 완료된 가상자산 거래소를 통해 가상자산을 증여받는다면, 증여 시점과 자산의 규모를 국세청이 알기 쉬울 것이다. 그러나 가상자산을 개인 지갑에 장기간 보관하던 사람으로부터 증여받거나 상속을 받는다면 국세청은 증여 사실을 알지 못할 것이므로 과세를 하는 것 자체가 불가능에 가까워진다.

　따라서 개인 지갑을 이용한 탈세를 적발해 국세청이 세금을 부과할 수 있는 경우를 가정한다면, 수증자가 증여받은 가상자산을 현금화해 부동산 등 고액 자산을 구입할 경우가 있다. 이때 국세청은 자금 출처 조사를 위한 세무 조사를 하게 된다. 이 과정에서 자금 출처를 제대로 소명하지 못해 증여 의제가 되거나, 개인지갑의 가상자산을 현금화하는 과정에서 국세청이 증여받은 것이라는 점을 발견했을 경우에는 증여세가 부과된다. 또한, 주변인들의 탈세 제보로 인해 세무 조사가 나오는 경우도 있으므로 특히 주의하여야 한다.

　이와 별도로 현재 OECD 참여국들은 가상자산을 이용한 탈세를 막기 위해 암호화자산자동정보교환체계(Crypto-Asset Reporting Framework: CARF)를 2027년부터 가동해 가상자산거래소의 거래 정보를 국세청이 받게 된다. 따라서 가상자산 자체를 증여하는 방식의 탈세는 너무나도 쉽게 이뤄지겠지만, 거래소를 통한 현금화가 점점 어려워질 것이다. 또한 정보가 투명하게 공개되며 국세청의 과세 처분이 점점 용이해질 것으로 예상된다.

진짜
궁금한 것들

법을 기반으로 한 지금까지의 설명이 너무 딱딱하거나 어렵게 느껴질 수 있다. 내가 비트코인과 관련해 자주 받는 질문과 답변을 Q&A 형식으로 정리해 보았다.

Q. 비트코은 예금, 달러, 부동산처럼 취급되나요?

예금, 달러, 부동산처럼 비트코인에 대해서도 재산적 가치를 인정하고 법적으로도 일부 보호하고 있습니다. 그러나 비트코인의 역사가 짧은 만큼 법적인 보호는 기존 자산과 달리 상대적으로 미비한 편입니다.

예금은 국내 은행에 예치할 경우 일정 금액만큼 국가가 보호하는 예금자보호제도가 있고, 원화나 달러 같은 통화는 위조할 경우 법으로 처벌하는 등 거래의 안전을 법으로 보호합니다. 부동산은 법적 규제를 가하는 동시에 등기 제도를 운영하며 공시하고 있습니다. 그러나 비트코인은 이러한 규제가 거의 없고, 법적인 보호도 상대적으로 미약합니다.

그러나 미국에서는 비트코인 ETF가 출시되는 등 전통적인 투자 자산처럼 제도권에 편입되고 있고, 시간이 지남에 따라 법적인 보호도 강화될 것입니다.

Q. 퇴직금 일부를 비트코인에 투자해서 노후 자금을 준비해도 될까요?

모든 투자는 시세 상승을 기대하고 이루어지므로, 비트코인 투자는 결국 비트코인의 향후 전망을 밝게 본다는 것을 의미합니다. 현재까지 비트코인은 시세가 상승해 왔고, 제도권 자산에 편입되며 법적인 안전성도 강화되고 있으며, 투자처의 다변화 측면에서도 긍정적인 면이 있기에 자산의 일부를 투자하는 것도 좋은 방법이라 생각됩니다.

Q. 적금 깨서 비트코인에 몰빵 투자했어요. 뭔가 조언해 주실 수 있나요?

가진 현금을 모두 비트코인에 투자하는 것은 결국 비트코인의 시세 변화에 따라 자신의 자산이 좌우된다는 것을 의미합니다. 대부분의 투자자들은 분산 투자의 중요성을 강조하고 있으므로, 몰빵 투자 자체는 위험하다고 생각합니다. 그러한 위험을 제거하고 본다면, 현재 비트코인 투자는 법적으로 상당히 매력적입니다. 일단 적금에서 발생하는 이자에는 이자소득세, 지방소득세 등이 과세되는 반면, 비트코인에 대한 세금은 2027년까지 면제되었으므로 비과세입니다. 따라서 적금과 같은 수준의 수익을 얻었다고 하더라도 실제 수익은 비트코인이 훨씬 높을 것입니다.

Q. 자녀들에게 비트코인으로 상속하려면 조건이 있을까요?

비트코인과 같은 가상자산의 상속 또는 증여는 그 시점을 기준으로 전후 1개월간의 시세를 평균한 가격을 기준으로 상속세와 증여세가 부과됩니다. 상속세와 증여세를 부과하는 기준은 조금 복잡하지만, 원칙적으로 비트코인은 기존의 자산을 상속하거나 증여하는 것과 큰 차이가 없으므로 너무 걱정하지 말고 국세청에 신고하시기 바랍니다.

Q. 아버지가 돌아가시고 비트코인 투자하셨던 것을 알게 되었습니다. 어머니와 저희 형제가 받을 수 있는 방법이 있나요?

비트코인이 국내 거래소에 있다면, 기존 재산을 상속받을 때와 비슷하게 거래소를 통해 상속분대로 상속을 쉽게 받을 수 있습니다.

그러나 국외 거래소에 비트코인이 있거나, 돌아가신 아버지의 개인 지갑에 비트코인이 있다면 조금 더 복잡한 과정이 필요합니다.

국외 거래소의 경우, 해당 거래소에 접촉하여 아버지의 사망 사실과 상속인 지위를 증명하여 상속 재산으로 코인을 인도해 줄 것을 요청할 수 있습니다.

　개인 지갑에 비트코인이 있을 경우, 개인 지갑에 접속하여 상속인들이 상속분대로 비트코인을 배분한 뒤, 국세청에 신고하시기 바랍니다.

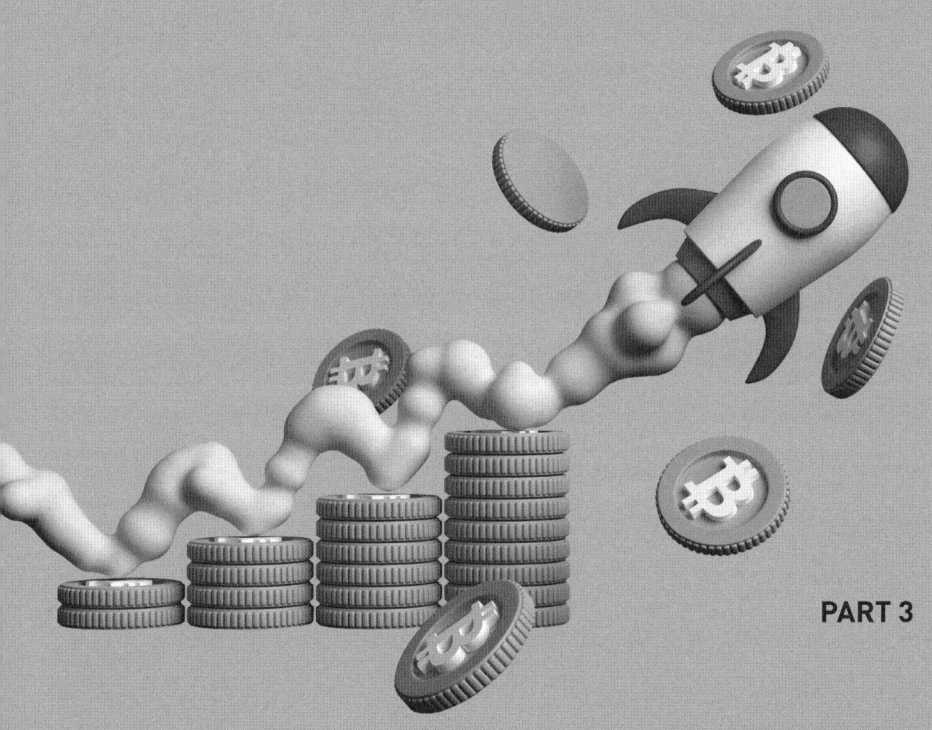

PART 3

코인 상속과 증여의
모든 것

세금,
제대로 알아야 돈 번다

세금은 피하고 싶어도 피할 수 없다. 우리에게 가장 익숙한 자산인 부동산을 예로 들면 집을 사거나, 가지고 있거나, 팔 때 각각 다른 세금을 내야 한다. 이 세 가지 세금이 바로 취득세, 보유세, 양도소득세다.

먼저, 집을 '살 때' 내는 세금이 취득세다. 이 세금은 국가에 내는 국세가 아니라 지방자치단체에 납부하는 지방세다. 지방세법에 따르면 특정한 자산(부동산, 차량 등)을 취득할 때 취득세를 내야 한다.

그렇다면 이렇게 산 자산을 '가지고만 있어도' 세금을 내야 할까? 그렇다. 바로 이때 내는 세금이 보유세다. 우리나라에서는 대표적으로 재산세와 종합부동산세(종부세)를 보유세로 낸다. 재산세는 집이나 땅을 가지고 있으면 지방자치단체에 매년 내는 세금이고, 종부세는 모든 사람이 내는 세금이라기보다는 비싼 부동산을 소유하거나 주택을 여러 채 가진 사람들이 추가로 내는 세금이다.

마지막으로, 집을 '팔 때'는 어떤 세금을 내야 할까? 우리에게 가장 익숙한 양도소득세, 흔히 '양도세'라고 불리는 세금이다. 이는 앞서 언급한 취득세와는 달리, 국가에 신고하고 납부해야 하는 국세다. 즉, 부동산을 처음 산 가격보다 더 높은 가격에 팔아 이익(양도 차익)을 얻었다면, 이 이익에 대해서 세금을 내야 한다.

이 세 가지 세금을 주식, 부동산, 가상자산으로 구분하여 비교하면 다음과 같다. 특히 가상자산은 2027년부터 양도 차익에 대한 세금(기타소득)이 부과될 예정이지만, 현재로서는 별도의 세금 납부 의무가 없다. 다음 도표를 통해 이를 쉽게 확인해 보자.

주식, 부동산, 가상자산 관련 세금

구분	주식(상장 주식)	부동산	가상자산
취득세	없음	4~12%	없음
보유세	보유 자체로 부과되는 세금 없음, 배당금이 있으면 배당소득세 부담	재산세, 종부세 등	없음
양도소득세	대주주 과세	기본 세율(6%~45%), 중과세율	없음
양도소득세 (2027년 이후)	대주주 과세	기본 세율(6%~45%), 중과세율	과세 (지방세 포함 22%)

보유 이익이란 자산을 단지 '가지고 있기만 해도' 발생하는 이익을 의미한다. 즉, 자산을 매각하지 않고 보유하는 동안 꾸준히 얻을 수 있는 수익을 말한다. 이처럼 자산을 처분하지 않고 보유하는 것만으로도 납부해야 하는 세금의 대표적인 예로는 재산세가 있으며, 보유 중 발생하는 수익에 대해서는 소득세가 부과된다.

예를 들어, 보유 자산에서 발생하는 이자나 배당은 소득세 과세 대상이다. 이자소득과 배당소득이 각각 연간 2,000만 원 이하인 경우, 다른 소득과 분리하여 분리 과세(세율 15.4%, 소득세 14%+지방소득세 1.4%)가 가능하다.

또한 보유한 자산을 임대하는 방식으로 운용할 경우 발생하는 임대소득도 소득세 과세 대상이다. 주거용 건물에서 발생하는 연간 임대소득이 2,000만 원 이하일 경우에는 분리 과세(14%)가 가능하지만, 초과 시에는 다른 종합소득과 합산되어 종합 과세 (6~45%)된다. 상업용 부동산에서 발생하는 임대소득은 처음부터 종합 과세 대상이다.

이처럼 부동산이나 주식 등 전통적인 자산은 보유 중 발생하는 수익과 자산 처분 시에 모두 세금 부담이 발생한다. 반면 가상자산은 현재 기준으로 취득하거나 보유하는 것만으로는 세금이 부과되지 않는다. 이로 인해 자산을 취득할 때 세금 측면에서만 본다면 가상자산이 다른 자산에 비해 상대적으로 효율적인 선택이 될 수 있다. (시세 위험 등은 고려하지 않는다면.)

주식, 부동산, 가상자산의 보유 및 처분 이익

구분	상장 주식	부동산	가상자산
보유 이익	배당 과세	임대소득 과세	보유 시 세금 없음
처분 이익	양도소득 과세 (대주주)	양도소득 과세	2027년부터 과세

장기보유특별공제는 부동산을 일정 기간 이상 보유한 경우, 양도 소득세를 계산할 때 양도 차익의 일부를 공제해 주는 제도다. 이는 장기 보유에 따른 물가 상승 등의 효과를 반영하여 세 부담을 완화하기 위한 조치다.

일반 부동산(토지·건물 등)의 장기보유특별공제

일반적인 토지나 건물(주택 포함)을 양도할 때, 보유 기간이 3년 이상인 경우 장기보유특별공제를 받을 수 있다. 공제율은 보유 기간에 따라 매년 2%씩 증가하며, 최대 15년 보유 시 30%까지 공제된다.

일반 부동산의 보유 기간별 공제율

보유 기간	공제율
3년	6%
4년	8%

5년	10%
6년	12%
7년	14%
8년	16%
9년	18%
10년	20%
11년	22%
12년	24%
13년	26%
14년	28%
15년 이상	30%

1세대 1주택의 장기보유특별공제

1세대 1주택자가 보유한 주택의 양도가액이 12억 원을 초과하는 경우, 장기보유특별공제를 적용받을 수 있다. 이 경우 보유 기간과 거주 기간에 따라 각각 최대 40%씩, 합산하여 최대 80%까지 공제가 가능하다. 단, 이 공제를 적용받기 위해서는 보유 기간 3년 이상, 거주 기간 2년 이상이어야 한다.

유의사항

보유 기간이 3년 미만인 경우, 장기보유특별공제를 받을 수 없다. 1세대 1주택 비과세 요건을 충족하지 못한 경우에도 공제 적용이 제한된다. 세법 개정에 따라 공제 요건 및 공제율이 변경될 수 있으므로, 양도 시점의 법령을 확인해야 한다.

장기보유특별공제는 부동산을 장기간 보유한 납세자의 세 부담을 줄여주는 중요한 제도다. 특히 고가 주택을 보유한 1세대 1주택자의 경우, 보유 기간과 거주 기간을 충족하면 최대 80%까지 공제를 받을 수 있으므로, 양도 계획 시 이를 고려하여 절세 전략을 세우는 것이 중요하다.

일반 장기보유특별공제율

보유 기간	3년 이상 4년 미만	4년 이상 5년 미만	5년 이상 6년 미만	6년 이상 7년 미만	7년 이상 8년 미만	8년 이상 9년 미만	9년 이상 10년 미만	10년 이상
거주	12%	16%	20%	24%	28%	32%	36%	40%
보유	12%	16%	20%	24%	28%	32%	36%	40%
합계	24%	32%	40%	48%	56%	64%	72%	80%
다주택	6%	8%	10%	12%	14%	16%	18%	20~30%

비조정 지역의 다주택자인 경우 연 2%로 최대 15년 이상 30%,
조정 지역의 다주택자인 경우 혜택 없음

3-2

금융소득에 대한
과세

　이자와 배당 등 금융소득을 다른 소득과 합산해서 소득세를 부과하는 것을 말한다. 소득세는 누진세이므로 합산하지 않았을 때보다 세금이 훨씬 커지게 된다. 종합 과세는 금융소득이 2,000만 원 초과 시부터 작용된다. 2,000만 원까지는 분리 과세로 14% 원천 징수하고, 나머지 초과분만을 다른 소득과 합산하여 누진세율을 적용해 과세한다.

　금융소득에 대한 과세 방식은 '분리 과세'와 '종합 과세'로 나뉘며, 각각의 과세 방식은 적용되는 세율과 과세 방식에 차이가 있다. 2025년 기준으로 이자소득과 배당소득에 대한 과세 체계는 다음과 같다.

2023년 종합소득세율 인하 및 과세 표준 조정

구간	세율	2022년 과세 표준	2023년 과세 표준
1구간	6%	1,200만 원 이하	1,400만 원 이하
2구간	15%	1,200만 원 초과 4,600만 원 이하	1,400만 원 초과 5,000만 원 이하
3구간	24%	4,600만 원 초과 8,800만 원 이하	5,000만 원 초과 8,800만 원 이하
4구간	35%	8,800만 원 초과 1억 5,000만 원 이하	8,800만 원 초과 1억 5,000만 원 이하
5구간	38%	1억 5,000만 원 초과 3억 원 이하	1억 5,000만 원 초과 3억 원 이하
6구간	40%	3억 원 초과 5억 원 이하	3억 원 초과 5억 원 이하
7구간	42%	5억 원 초과 10억 원 이하	5억 원 초과 10억 원 이하
8구간	45%	10억 원 초과	10억 원 초과

분리 과세: 단일세율 적용

금융소득(이자소득과 배당소득)의 연간 합계액이 2,000만 원 이하인 경우, 해당 소득은 '분리 과세' 대상이 된다. 이 경우 금융 기관 등에서 이자나 배당금을 지급할 때, 소득세 14%와 지방소득세 1.4%를 합한 총 15.4%의 세율로 원천 징수되며, 별도의 종합소득세 신고나 추가 납부 의무는 없다. 즉, 이자나 배당소득이 2,000만 원 이하라면 단일세율로 과세가 종결된다.

종합 과세: 누진세율 적용

금융소득이 연간 2,000만 원을 초과하는 경우, 해당 소득은 '종합 과세' 대상이 된다. 이때는 금융소득 전액이 다른 종합소득(예: 근로소득, 사업소득 등)과 합산되어 누진세율이 적용된다. 소득세의 누진세율은 과세 표준에 따라 6%에서 45%까지 적용되므로, 고소득자의 경우 세 부담이 상당히 증가할 수 있다.

예시

예를 들어 연간 금융소득이 2,000만 원이고 다른 종합소득이 3,000만 원인 경우를 고려해 보자. 분리 과세 적용 시 2,000만 원 전액에 대해 15.4%의 세율로 과세되며, 세액은 약 308만 원이다. 종합 과세 적용 시에는 금융소득 2,000만 원과 다른 종합소득 3,000만 원을 합산한 총 5,000만 원에 대해 누진세율(5,000만 원 초과 시 6~24%)이 적용되며, 세액은 과세 표준에 따라 달라진다. 이처럼 종합 과세가 적용되면 세 부담이 증가할 수 있으므로, 금융소득이 2,000만 원을 초과하지 않도록 관리하는 것이 절세에 도움이 된다.

3-3

취득세란
무엇인가

　지방세는 지방자치단체가 자주적으로 부과·징수하는 세금으로, 지방의 공공서비스 재원으로 사용된다. 크게 도세와 시·군세로 구분된다. 도세는 광역자치단체(도, 광역시 등)가 부과·징수하는 지방세로, 보통세와 목적세로 다시 나뉜다.

도세 vs. 시군세

　지방세는 과세 권한을 가진 지방자치단체의 수준에 따라 도세와 시·군세로 구분된다. 이는 각 지방자치단체의 재정 운영 범위와 행정 단위에 따라 나뉘는 개념이다.

　도세는 도, 광역시 등 광역자치단체가 과세권을 갖는 지방세로, 주로 광역 행정의 재원을 조달하기 위한 세목들로 구성된다. 도세는 사회 전체에 영향을 미치거나 큰 규모의 행정 서비스 제공에 필요한 재원을 마련하기 위해 사용된다. 예를 들어, 부동산이나 차량을 취득할 때 부과되는 취득세, 각종 면허나 등록 시 부과되는 등록면허세 등이 이에 해당한다.

반면 시·군세는 시, 군, 자치구 등 기초자치단체에서 과세하는 지방세다. 이는 지역 주민의 일상생활과 밀접하게 연결된 행정 서비스에 쓰이므로 주민 생활에 더 가까운 재원이라고 할 수 있다. 예컨대 매년 부동산 보유에 따라 부과되는 재산세, 주민세, 자동차세 등이 대표적이다.

요약하면, 도세는 광역 단위의 재정에 쓰이는 지방세, 시·군세는 기초 단위의 생활 밀착형 재정에 쓰이는 지방세로 구분된다.

지방세의 구조

　　　　　　　　　　　　　　　PART 3 코인 상속과 증여의 모든 것

보통세 vs. 목적세

보통세는 세입의 용도가 특정되지 않고, 지방자치단체의 일반적인 행정 목적에 자유롭게 사용할 수 있는 세금이다. 보통세는 자치단체의 재량에 따라 다양한 공공 서비스와 행정 비용에 쓰일 수 있기 때문에 재정의 자율성과 융통성을 확보하는 데 중요한 역할을 한다. 예를 들어 취득세, 재산세, 자동차세 등이 보통세에 속한다.

반면 목적세는 세금의 사용 목적이 법으로 정해져 있어, 특정 사업이나 정책에만 사용할 수 있는 세금이다. 이는 일반세입과 구분되어 특정 분야의 재원을 안정적으로 확보하려는 취지에서 도입된다. 대표적으로 지방교육세는 지역 교육 재정 확보를 위해, 지역자원시설세는 특정 지역의 자원 개발 및 기반 시설 확충을 위해 징수된다.

즉, 보통세는 자유로운 용도의 일반 재정세, 목적세는 특정 용도로만 쓰는 제한된 목적의 세금이라는 차이가 있다.

국내 주식과
국외 주식의 세율

요즘은 국외 주식에 직접 투자하는 투자자들도 많아졌다. 구글, 애플, 테슬라처럼 익숙한 글로벌 기업의 주식을 미국 증권사를 통해 직접 사는 투자자도 있고, 국내 증권사를 통해 우회해서 투자하는 경우도 있다. 하지만 국외 주식의 배당소득에 대한 과세는 생각보다 복잡하다. 이번 챕터에서는 국내 주식과 국외 주식 배당소득에 대한 과세 차이를 비교해 보며, 세무적인 유의점을 정리해 보려고 한다.

국내 주식의 배당소득 과세

국내 상장 주식에 투자해 배당금을 받게 되면, 해당 금액에 대해서는 먼저 원천 징수가 이루어진다. 일반적으로 배당금의 15.4%, 즉 소득세 14%와 지방소득세 1.4%가 사전에 자동으로

국외 증권사에 직접 계좌를 만들어 외국 주식에 투자	국내 금융회사를 통해 외국 주식에 투자
• 국외에서 원천징수 • 국내에선 원천징수 되지 않음 • 국내에서 무조건 종합과세 　(국외에서 원천징수 된 세금은 　외국납부세액공제 가능)	• 국외에서 원천징수 • 국내 금융회사가 국내 원천징수 　세율과의 차액을 추가 징수 • 다른 금융소득과 합해 　연간 2,000만 원 초과 시 종합과세 　(국외에서 원천징수 된 세금은 　외국납부세액공제 가능)

국외 주식의 배당소득에 대한 과세 방법

공제된다. 이를 원천 징수라고 하며, 투자자는 세금을 낸 이후의 금액을 실제 수령하게 된다.

이렇게 받은 배당소득이 연간 다른 금융소득(이자, 배당 포함)과 합쳐서 2,000만 원을 초과하면, 투자자는 종합소득세 신고를 해야 한다. 이 경우 종합소득세는 누진세율이 적용되므로, 소득이 높을수록 높은 세율이 부과된다. 예를 들어 다른 소득이 많은 고소득자는 배당소득에 대해서 35% 이상의 세율을 적용받을 수도 있다.

다만, 이러한 종합 과세가 부담스러울 경우에는 투자자가 분리과세(14%)를 선택할 수도 있다. 이때는 다른 소득과 합산하지 않고, 배당소득에 대해 고정된 세율로 세금을 납부하는 방식이다. 이 선택은 투자자의 상황에 따라 다르게 결정할 수 있으며, 고소득자는 종합 과세가 불리한 경우가 많기 때문에 분리 과세를 선택하는 경우가 많다.

외국 주식의 배당소득 과세

외국 주식에서 배당금을 받는 경우에는, 투자자가 어떤 방식으로 외국 주식에 투자했는지에 따라 과세 방식이 달라진다. 크게 나누면, 국외 증권사 계좌를 통해 직접 투자하는 경우와 국내 금융사를 통해 우회 투자하는 경우 두 가지로 나뉜다.

1) 국외 증권사 계좌를 통한 직접 투자

국외 증권사에서 직접 계좌를 개설하고 미국 등 외국 주식에 투자하여 배당금을 받는 경우, 배당소득은 먼저 해당 국가에서 원천징수된다. 예를 들어 미국에서는 통상적으로 세금 15%를 미리 공제한 후 배당금을 지급한다.

이후 국내에서는 이 배당소득에 대해 무조건 종합 과세 대상이 된다. 즉, 다른 금융소득이 2,000만 원을 초과했는지 여부와 관계없이 금액이 얼마이든지 간에 반드시 종합소득세 신고를 해야 한다. 국내에서는 원천 징수가 이루어지지 않기 때문에, 세금이 자동으로 빠져나가지 않으며, 투자자가 직접 연말에 종합소득세 신고를 해야 하는 점이 큰 차이점이다.

이 과정에서 외국에 이미 납부한 세금(예: 미국의 15%)은 외국납부세액공제를 통해 국내 세금에서 일부를 공제받을 수 있다. 그러나 이러한 공제를 받기 위해서는 실제로 세무서에 정확한 증빙 자료를 제출해야 하며, 그 절차가 일반 투자자에게는 다소 번거로울 수 있다.

또한 투자 금액이 소액이라 하더라도 신고를 누락하면 가산세 등의 불이익이 발생할 수 있으므로, 세무 리스크 관리가 매우 중요하다.

2) 국내 금융사를 통한 외국 주식 투자

삼성증권이나 미래에셋 같은 국내 금융사를 통해 국외 주식에 투자한 경우에는 과세 방식이 조금 더 단순하다. 이 경우에도 외국에서 원천 징수가 먼저 발생한다. 예컨대 미국 주식의 경우 배당소득의 15%가 미국 정부에 의해 원천 징수된다.

하지만 그 외에도, 국내 금융사는 국내 세율(15.4%)과 국외 원천 징수율(15%)의 차액인 0.4%를 추가로 원천 징수한다. 이는 국내에서 추가적으로 징수하는 부분으로, 투자자가 따로 신고하지 않아도 자동으로 처리된다.

이렇게 받은 배당소득 역시 국내 금융소득과 합산되어 연간 2,000만 원을 초과하면 종합 과세 대상이 된다. 이때는 국내 주식과 마찬가지로 투자자가 종합소득세 신고를 해야 하며, 국외에서 낸 세금은 마찬가지로 외국납부세액공제로 일부 공제를 받을 수 있다.

국내 금융사를 통한 투자의 장점은 세금이 대부분 자동으로 처리되며, 소액 투자자의 경우에는 별도로 신고할 필요 없이 간편하게 배당을 수령할 수 있다는 점이다. 그러나 실제 세율이 더 높아질 수 있다는 점은 단점으로 작용할 수 있다. 예를 들어 미국에서 15% 원천 징수되고, 국내에서 다시 0.4%를 추가로 징수하면, 총 15.4%의 세금이 빠지므로 사실상 이중 과세가 발생하지는 않지만, 분리 과세 선택권이 없는 국외 직접 투자보다 유리하지는 않을 수도 있다.

국내 주식이든 국외 주식이든 배당소득에 대해선 반드시 세금이 붙는다. 하지만 같은 배당소득이라도 투자 대상과 투자 방법에 따라 과세 방식은 매우 다르다. 투자자는 자신이 어떤 방식으로 투자하고 있는지를 정확히 이해하고, 이에 맞는 세무 전략을 수립해야 한다.

특히 외국 주식의 경우, 투자 방식에 따라 신고 의무가 달라지고, 외국납부세액공제를 받을 수 있는지 여부나, 분리 과세가 가능한지 여부도 달라지므로, 단순히 수익률만 따지기보다는 세후 수익률을 계산하는 습관이 필요하다.

3-5
국외 및
국내 ETF 세율

 ETF(Exchange Traded Fund)는 한국어로 상장지수펀드라고 부르며, 주식처럼 증권거래소에 상장되어 실시간으로 사고팔 수 있는 펀드를 말한다. 일반적인 펀드와 달리, ETF는 주식 시장에 상장돼 있어서 투자자가 주식처럼 매매할 수 있다는 점이 가장 큰 특징이다. 이러한 ETF 투자 시 세율을 정리해 보자.

 다음은 2025년 기준 ETF 및 주식 투자에 따른 세금 체계를 정리한 것이다.

 먼저, 국내 주식형 ETF의 분배금(배당금)은 배당소득으로 간주되며, 지급 시 15.4%의 배당소득세(소득세 14%와 지방소득세 1.4%)가 원천 징수된다. 국내 주식도 배당 발생 시 동일한 세율로 배당소득세가 원천 징수된다. 기타 ETF, 즉 국외 주식을 기초 자산으로 하는 ETF는 분배금 또는 이익이 발생할 때 '이익'과 '과세 표

ETF 및 주식 투자에 따른 세금 체계

구분	세금	국내 주식형 ETF (기초 자산: 국내 주식)	기타 ETF (기초 자산: 국외 주식 등)	국내 주식	국외 상장 ETF
분배금 (배당금) 수령	배당 소득세	분배금×15.4%	Min(이익, 과세표준 기준가 증가분)×15.4%	배당금×15.4%	분배금×15.4%
매수	해당 없음	과세 대상 세금 없음 (증권사 수수료만 발생)		과세 대상 세금 없음 (증권사 수수료만 발생)	국가별 상이
매도	증권 거래세 등			코스피/코스닥 0.2%+ 증권사 수수료	
매도 시 차익이 발생했을 때	배당 소득세	없음	Min(이익, 과세표준 기준가 증가분)×15.4%	해당 없음	해당 없음
	양도 소득세	해당 없음	해당 없음	대주주만 해당(22%, 27.5%, 33%)	(연간 매매 손익 누계 -250만 원)×22%

준 기준가 증가분' 중 작은 금액에 대해 동일하게 15.4%의 배당소득세가 부과된다. 국외 상장 ETF는 각국 세법에 따라 배당금에 대해 먼저 현지에서 원천 징수(예: 미국은 15%)가 이루어진 후, 한국에서 15.4%의 배당소득세가 추가로 부과되나, 이중 과세를 방지하기 위해 외국납부세액공제를 적용받을 수 있다.

ETF 또는 주식 매수 시에는 국내외 구분 없이 별도의 세금은 발생하지 않으며, 증권사 매매 수수료만 부담한다. 매도 시에는 국내 주식형 ETF와 기타 ETF, 국내 주식 모두 과세 대상은 아니지만, 국내 주식은 코스피 또는 코스닥 시장에서 매도할 때 0.2%의 증권 거래세가 부과된다. 국외 상장 ETF는 매도 시 별도의 거래세는 없으나 양도 차익 발생 시 양도소득세가 부과된다.

매도 차익에 관한 세금은 ETF 유형별로 차이가 크다. 국내 주식형 ETF는 매도 차익에 대해 비과세되므로, 주가 상승에 따른 차익에 대해 세금을 내지 않아 장기 투자자에게 유리한 편이다. 기타 ETF는 매도 차익 발생 시 '이익' 또는 '과세 표준 기준가 증가분' 중 적은 금액에 대해 15.4% 배당소득세가 부과된다. 국내 주식은 대주주 요건 등 일정 기준을 넘으면 매도 차익에 대해 누진세율(22%, 27.5%, 33%)이 적용되는 양도소득세가 부과된다. 국외 상장 ETF는 연간 매매 차익 누계에서 250만 원 기본 공제를 적용한 후, 초과분에 대해 22%(소득세 20%, 지방소득세 2%)의 양도소득세를 신고·납부해야 하며, 신고 누락 시 가산세가 발생할 수 있다.

요약하자면 2025년 현재 ETF 투자 시 과세 기준이 명확히 구분되어 있다. 국내 주식형 ETF는 매매 차익에 대해 비과세 혜택이 있어 장기 투자에 유리하고, 분배금에 대해서만 15.4% 배당소득세가 부과된다. 반면, 국외 자산을 기초로 하는 기타 ETF와 국외 상장 ETF는 매매 차익과 분배금 모두에 과세가 발생하며, 복잡한 세금 신고 의무가 따른다. 특히 국외 상장 ETF 투자자는 직접 세금 신고를 해야 하므로, 투자 전 세금 관련 사항을 충분히 이해하는 것이 중요하다. 따라서 단순 수익률뿐 아니라 세후 수익률을 고려해 자신의 투자 목적과 세금 부담을 종합적으로 판단한 뒤 적절한 ETF 유형을 선택하는 것이 바람직하다.

3-6
금융투자
소득세

금융투자소득세는 상장 주식, 비상장 주식, 채권, 파생 상품 등 다양한 금융 투자 상품에서 발생하는 소득을 과세 대상으로 삼는 제도이다. 이 제도는 금융소득과는 별도로 과세되며, 분리 과세 방식이 적용된다.

과세 대상에 해당하는 소득 중, 상장 주식에서 발생한 소득에 대해서는 연간 5,000만 원까지 기본 공제가 주어지도록 설계되어 있었다. 즉, 상장 주식에서 얻은 매매 차익이 연 5,000만 원 이하인 경우에는 과세되지 않지만, 이를 초과하는 금액에 대해서는 세금이 부과되는 식이었다. 세율은 기본적으로 20%이며, 과세 표준이 3억 원을 초과하는 경우에는 초과분에 대해 25%의 세율이 적용되었다. 이는 소득 규모에 따라 차등 세율을 적용하는 누진 과세 구조다.

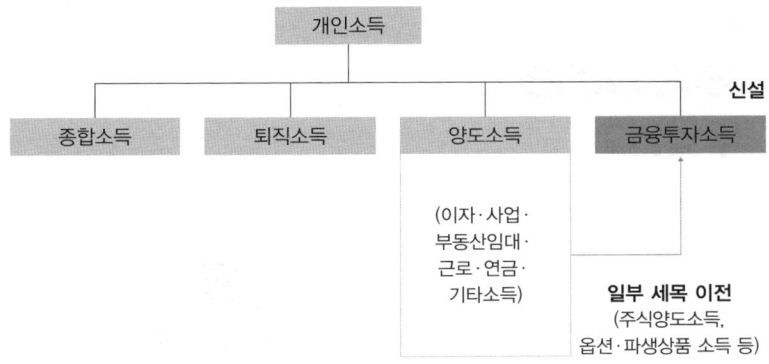

금융투자소득세 신설

또한 기존에는 국내 상장 주식에 투자하는 소액 주주의 매매차익은 과세 대상이 아니었으나, 금융 투자 소득세가 도입되면 이러한 소액 주주 비과세 혜택도 폐지될 예정이었다. 결국, 대부분의 투자자들이 일정 금액 이상의 수익을 얻을 경우 세금 납부 대상이 되는 구조로 전환될 뻔했던 셈이다

이처럼 금융투자소득세는 주식, 채권, 펀드 등 금융 투자 상품에서 발생한 자본 이득에 대해 과세하려고 도입된 새로운 세금 제도인데 현재 무기한 유예된 상태다.

원래는 2023년 1월 1일부터 시행될 예정이었으나, 개인 투자자와 증권업계의 반발, 증시 위축 우려로 인해 2025년 1월로 2년 유예되었고, 다시 2024년 말 세법 개정안에서 "무기한 유예"로 결정되었다.

3-7
상속, 증여란 무엇인가

'상속'이란 자연인이 사망했을 때 사망과 동시에 그와 일정한 관계에 있는 사람에게 그 사망자의 재산적 권리나 의무가 포괄적으로 당연히 승계되는 법률적 효과가 발생하는 것을 말한다. 이러한 상속의 효력, 승인, 포기, 재산 분리 등의 규정을 민법 제997조에서 제1118조까지 규정하며, 상속으로 인한 재산의 이전이 있다면, 이에 부과되는 세금은 상속세및증여세법에서 규정한다.

상속은 포괄적인 권리와 의무의 승계이므로 상속인이 사망 사실을 알든 모르든 사망자의 권리와 의무가 모든 상속인들에게 자동 승계된다. 이것은 증여가 특정인과 정정된 재산을 지정하여 개별적인 의사 표시를 거쳐 이전시키는 것과 대비된다.

'증여'란 당사자 일방이 무상으로 일정한 재산을 상대방에게 준다는 의사를 표시하고 상대방이 이를 승낙함으로써 성립하는 계약을 말한다. 쉽게 말하면 '계약에 의한 재산의 무상 이전'이라고 할 수 있다. 코인도 상속과 마찬가지로 증여 대상 재산에 포함되며, 증여로 인한 이익은 상속세 및 증여세법에 정한 대로 받은 이(수증자)에게 증여세 신고 및 납부 의무가 부여된다.

그렇다면 코인도 상속 대상 재산이 되는 걸까? 된다면 세금을 부담해야 하는 걸까? 코인도 당연히 가치가 있는 재산이기 때문에 상속 재산이라고 볼 수 있다. 하지만 2021년까지는 코인의 가치 평가 문제로 상속세를 계산하기 어려워 과세가 어려운 점이 있었다. 하지만 이후 상속세및증여세법 개정으로 상속세를 계산하기 위한 가상자산의 '시가' 개념이 도입되었다. 2022년 1월 1일부터 발생하는 상속에 대해서는 상속세가 부과되고 있다.

상속세 및 증여세법상 가상자산(코인)의 시가

신고가 수리된 가상자산사업자 중 국세청장이 고시하는 가상자산사업자의 사업장에서 거래되는 가상자산의 경우 평가기준일 전과 후 각 1개월 동안에 해당 가상자산사업자가 공시하는 일평균가액의 평균액이다.
업비트, 빗썸, 코인원, 코빗, 고팍스에 상장된 코인의 각 일별평균액을 공시하며, 상속의 경우 사망일 전후 1개월 총 2개월의 평균액, 증여의 경우 증여일 기준 전후 1개월 총2개월의 평균액이 시가이다.

상속과 증여는 재산이 무상으로 이전된다는 점에서 비슷해 보인다. 하지만 법적 성격과 과세 방식, 신고 절차 등 여러 면에서 중요한 차이가 있다.

상속과 증여의 개념 차이

먼저 법적 개념부터 살펴보자. 상속은 사망을 원인으로 발생하는 재산의 이전이고, 증여는 생존해 있는 자가 무상으로 재산을 이전하는 것이다. 즉, 상속은 사람의 사망이라는 불가항력적 사유로 인해 재산이 자녀나 배우자 등에게 넘어가는 것이고, 증여는 살아 있는 사람이 본인의 의사에 따라 재산을 이전하는 것이다.

이처럼 발생 원인에서 명확한 차이가 있으며, 민법상 규정되는 절차나 효력에서도 큰 차이를 보인다. 상속은 고인의 사망 시점에서 일괄적으로 개시되며, 상속 재산의 범위는 고인이 남긴 일체의 재산과 채무를 포함한다. 반면 증여는 계약의 성격을 띠며, 재산을 주는 사람과 받는 사람 사이에 증여 의사 표시가 있어야 효력이 발생한다.

과세 시점과 납세 의무자의 차이

세법상으로도 상속과 증여는 명확히 구분된다.

상속세는 상속이 개시된 날로부터 6개월 이내에, 상속을 받은 사람이 납세의무자가 되어 세금을 신고하고 납부해야 한다.

반면, 증여세는 증여일이 속한 달의 말일로부터 3개월 이내에 수증자(받는 사람)가 세금을 신고하고 납부해야 한다. 즉, 상속세는 사망을 원인으로 생긴 소득에 대한 세금으로, 고인의 사망 이후 일정 기간 내에 처리되어야 하며, 증여세는 살아 있는 상태에서 주고받은 재산에 대해 받는 사람이 책임지는 세금이다.

세율과 과세 방식

상속세와 증여세는 동일한 세율 구조를 갖는다. 2025년 현재 기준으로, 과세 표준이 1억 원 이하일 때는 10%, 1억 원 초과 5억 원 이하일 때는 20%, 5억 원 초과 10억 원 이하일 때는 30%, 10억 원 초과 30억 원 이하는 40%, 30억 원을 초과하는 경우에는 50%의 누진세율이 적용된다. 이때 중요한 것은, 세율 구조는 같지만 공제 항목과 과세 표준 계산 방법에 차이가 있다는 점이다.

공제의 차이

상속세는 공제 항목이 더 다양하고 금액도 크다. 2025년 현재 상속세에서 가장 기본적인 공제는 일괄 공제 5억 원 또는 인적 공제와 비용 공제를 포함한 항목별 공제 중 하나를 선택할 수 있다. 배우자가 상속받는 경우에는 배우자 공제액이 최대 30억 원까지 가능하다. 또한 상속인에게 장애가 있거나 미성년자일 경우 추가 공제도 가능하다.

반면 증여세는 이러한 다양한 공제가 없고, 일정 기간 동안 한도로 주어지는 증여재산 공제가 전부이다. 예컨대 직계 존속에게 증여받는 경우 10년 동안 5,000만 원(미성년자는 2,000만 원), 배우자로부터는 10년간 6억 원, 자녀에게는 10년간 5,000만 원이 공제 한도다. 즉, 상속세는 유족의 생계 유지 등을 고려해 세 부담을 완화할 수 있는 장치가 여럿 마련되어 있지만, 증여세는 기본적으로 절세 여지가 제한적이다.

증여세와 상속세 비교

구분	증여세	상속세	비고
공제	• 직계존비속 5,000만 원 • 미성년인 직계 비속 2,000만 원 • 배우자 6억 원 • 기타 친족 1,000만 원	• 일괄 공제(최소 5억 원) • 배우자 공제 5억 원 (최소)~30억 원(최대) • 금융 재산 상속 공제 2억 원(최대) • 가업 상속 공제 1억 원(최대) • 영농 상속 공제 2억 원(최대)	일괄 공제는 자녀, 미성년자, 연로자 및 장애자 등의 공제 합계액과 비교하여 큰 금액으로 공제

일반 저축 상품에 붙는 이자소득 세율

구분	원금	이자 금액(5%)	세율(%)	세금	수령액(원)
일반 과세	1억 원	500만 원	15.4	77만 원	4,230,000
세금 우대(분산)	1억 원	500만 원	9.5	47만 5,000원	4,525,000
세금 우대+일반	1억 원	200만 원	15.4	19만 원	4,348,000

누진 합산 여부

증여세의 경우 과거 10년 이내 동일인으로부터 받은 재산은 합산 과세되며, 이는 편법적 분산 증여를 막기 위한 장치이다. 예를 들어 부모가 자녀에게 3년에 걸쳐 여러 번 나눠서 증여했다면, 이 금액은 10년간 누적되어 합산한 뒤 세율이 적용된다.

상속세의 경우에도 유사한 개념이 적용된다. 사망 직전 10년 이내에 상속인에게 증여한 재산이나, 사망 전 5년 이내에 제3자에게 증여한 재산은 상속 재산에 포함되어 과세 대상이 된다. 이는 생전에 재산을 미리 증여함으로써 상속세를 회피하려는 시도를 방지하기 위한 것이다.

사후 관리의 차이

상속 재산은 상속세를 납부한 이후에도 일정 기간 동안 사후 관리가 요구된다. 대표적인 것이 10년간의 재산 추적 및 세무 조사 가능성이다. 특히 고액 상속일 경우, 상속 후 수년 내에 재산의 흐름에 대한 조사가 이루어질 가능성이 크며, 사전 증여와의 연계 여부도 함께 검토된다.

반면 증여는 증여세를 납부하고 나면, 상대적으로 사후 관리가 간단한 편이다. 다만 증여일 이후 1년 이내에 재산이 제3자에게 다시 이전되는 등의 경우에는 '가증여'나 '명의 신탁'으로 간주될 수 있으므로, 일정 기간 동안의 관리와 명확한 사용이 필요하다.

상속과 증여는 모두 무상으로 재산이 이전된다는 점에서 비슷하지만 발생 원인, 절차, 세율 적용 방식, 공제 한도, 사후 관리까지 모든 면에서 다르다. 특히 세금 측면에서는 상속이 증여보다 공제가 많고 유리한 경우가 많지만, 시기와 규모에 따라 오히려 증여가 유리할 수도 있다.

따라서 단순히 "상속이 낫다" 혹은 "증여가 유리하다"고 단정할 수는 없고, 각자의 재산 구조와 가족 상황, 향후 계획을 고려해 전략적으로 접근해야 한다. 특히 고액 자산가의 경우 상속세와 증여세를 함께 고려한 '생전 증여와 사후 상속의 병행 전략'이 중요하며, 이 경우 반드시 전문가의 조력을 받는 것이 바람직하다.

수증자 분산 증여세 비교(부모 재산 2억 5,000만 원 증여 시)

아들에게만 증여하는 경우

구분	아들
증여가액	2억 5,000만 원
증여공제	5,000만 원
산출세액	3,000만 원
신고세액 공제	50만 원
납부세액	2,910만 원
총 증여세	2,910만 원

아들과 며느리에게 나눠 증여하는 경우

구분	아들	며느리
증여가액	1억 5,000만 원	1억 원
증여공제	5,000만 원	1,000만 원
산출세액	1,000만 원	900만 원
신고세액 공제	30만 원	27만 원
납부세액	970만 원	873만 원
총 증여세	1,843만 원	

증여 순서에 따른 증여세 비교
(할아버지·아버지 재산 5억 원을 1명이 증여받을 경우)

할아버지→아버지→손자 순서로 증여하는 경우

구분	할아버지 재산	아버지 재산
증여가액	2억 5,000 만 원	2억 5,000 만 원
산출세액	3,000만 원	4,000만 원
할증세액	900만 원	-
신고세액 공제	117만 원	120만 원
납부세액	3,783만 원	3,880만 원

총 증여세　　　　7,663만 원

아버지→할아버지→손자 순서로 증여하는 경우

구분	할아버지 재산	아버지 재산
증여가액	2억 5,000 만 원	2억 5,000 만 원
산출세액	3,000만 원	4,000만 원
할증세액	-	1,200만 원
신고세액 공제	90만 원	156만 원
납부세액	2,910만 원	5,044만 원

총 증여세　　　　7,954만 원

3-8

증여세, 상속세
신고 방법

세대 분리를 통한 증여세 절세 전략

세대 분리는 말 그대로 가족 구성원이 하나의 세대에서 분리되어 별도의 세대를 구성하는 것을 의미한다. 세법상 세대는 동일한 주소 또는 거소에서 생계를 같이하는 배우자, 직계존비속 등으로 정의되며, 세대 분리를 통해 수증자가 별도 세대로 인정되면 일정한 세금 혜택이 발생한다.

증여세 측면에서 세대 분리가 중요한 이유는 증여 재산 공제 한도 때문이다. 예를 들어, 부모가 자녀에게 재산을 증여할 경우 자녀가 독립된 세대일 경우와 동일 세대일 경우, 적용되는 세율이나 공제 한도가 달라지지 않더라도 향후 다른 전략적 증여와의 연계가 달라질 수 있다. 특히 동일 세대 내에서 이뤄지는 반복적 증여는 세무당국의 추적 대상이 되기 쉽다.

세대 분리를 통해 수증자가 별도 세대로 인정받게 되면, 수증자 본인의 독립된 증여 이력을 쌓을 수 있고, 동일 증여자에 대한 10년 누적 규정 외에도 다양한 방법으로 절세 구간을 분산할 수 있다. 특히 미성년 자녀를 독립 세대로 보기 어렵기 때문에, 세대 분리를 통한 효과는 주로 성년 자녀나 손자녀에게 재산을 이전할 때 유효하다.

다만 세대 분리가 형식적인 경우에는 무효로 간주될 수 있으며, 실제 거주 여부, 생활비 분리, 세대 분리 시기 등에 대해 세무서의 실질 과세가 적용될 수 있으므로 주의가 필요하다.

주택 증여 계약 후 증여 취소했을 때 기간별 세금 납부 차이

	취득세	증여세	반환 및 재증여 증여세
증여 후 60일 이내	X	X	X
증여 신고 기한 내	○	X	X
증여 긴고 기한 경과 3개월 이내	○	○	X
증여 신고 기한 3개월 초과	○	○	○

부담부 증여

부담부 증여는 수증자에게 일정한 채무를 함께 이전하는 방식으로 이루어지는 증여다. 일반적인 증여는 무상이지만, 부담부 증여는 재산을 증여하면서 그 재산과 관련된 채무를 수증자가 승계하는 것을 전제로 하므로, 순수한 증여 금액이 줄어드는 효과가 있다.

예를 들어 시가 10억 원의 부동산을 자녀에게 증여하면서, 해당 부동산에 설정된 전세 보증금이나 금융 기관 대출 등 4억 원의 채무를 자녀가 함께 인수한다면, 실질적으로 증여가액은 6억 원으로 간주된다. 이 경우 자녀는 6억 원에 대한 증여세만 납부하면 된다. 대신 부모는 이전한 채무 금액(4억 원)에 대해서는 양도소득세를 납부해야 한다.

즉 부담부 증여는 증여세를 줄이는 데는 효과가 있지만, 양도소득세가 동시에 발생하기 때문에 총 세금 부담을 고려한 계산이 필요하다. 부동산 외에도 주식이나 기타 자산에서도 이론적으로 가능하지만, 채무의 실재성과 인수의 명확성이 입증되어야 하며, 실제 적용 사례는 부동산에 집중되어 있다.

2025년 현재, 세법은 부담부 증여에 대해 증여 부분과 양도 부분을 명확히 구분한다. 그리고 양도소득세 계산 시 일반적인 취득가액 적용 및 장기보유특별공제 적용 여부 등도 고려해야 한다.

주식과 가상자산의 증여

자산의 종류에 따라 증여의 시기와 세금 계산 방식도 크게 달라진다. 특히 주식과 가상자산은 평가 방식에서 실무적인 차이를 보이며, 증여세 부담에 큰 영향을 미친다.

주식의 경우, 증여일을 기준으로 한 거래소 시가 또는 비상장주의 경우 감정 평가법에 따른 평가 금액을 기준으로 증여 재산가액이 산정된다. 상장 주식은 거래량이 많아 상대적으로 평가가 수월한 편이지만, 비상장 주식은 오너 경영 기업일 경우 경영권 프리미엄까지 반영되어 평가가 과도하게 높아질 수 있다.

이 때문에 비상장 주식 증여는 시기 선택이 매우 중요하며, 기업 가치가 상대적으로 낮은 시점에 증여를 단행하거나, 감정 평가 방식 대신 세법상 보충적 평가 방법을 활용할 수 있는 상황인지도 검토해야 한다. 또한 일정 지분율 이상을 증여하면 상속세 및 증여세법상 특수 관계인 간 거래로 보아 추가적인 세무 리스크가 발생할 수 있으므로 전문가의 검토가 필수적이다.

가상자산의 경우, 2025년 현재도 여전히 과세 체계가 정비되는 과도기적 상황이지만, 기본적으로 기준 시가나 시가 평가가 가능한 거래소의 공시 가격을 기준으로 증여세가 부과된다. 가상자산은 가격 변동성이 크기 때문에 단기간 내에 증여 시점에 따라 세금이 크게 달라질 수 있다. 또한 향후 특정 가상자산에 대한 과세 기준이 변경될 경우, 이미 증여된 내역에 대한 소급 과세 문제가 발생할 여지도 있으므로 보수적인 접근이 필요하다. 다른 자산보다 시세 변동의 위험이 훨씬 크게 존재하여 변동성을 예측할 수가 없기 때문에 신중해야 한다. 하지만 만약 증여자가 가상자산을 장기적으로 우상향 할 것이라 확신한다면 이보다 더 좋은 실 증여 효과가 높은 자산을 찾기는 쉽지 않다.

결론적으로 주식과 가상자산은 증여 재산 평가가 어렵고, 증여세 부담을 줄일 수 있는 방법이 제한적이기 때문에, 자산 가치가 낮은 시점을 포착하거나 수증자에게 증여 재산 공제를 최대한 활용할 수 있도록 분산 증여하는 방식이 현실적인 절세 전략이 된다.

증여세는 단순히 누진세율만 보고 전략을 짤 수는 없다. 수증자의 세대 분리 여부, 이전 자산의 종류, 이전 방법 및 시기 등에 따라 세금 부담이 천차만별이기 때문이다. 특히 고액 자산 이전을 고려하고 있다면, 단발성 증여보다는 중장기 증여 계획을 수립하고, 사전에 시뮬레이션을 해보는 것이 중요하다. 이번 챕터에서 다룬 세대 분리, 부담부 증여, 주식 및 가상자산 증여는 모두 그러한 계획을 구체화할 수 있는 실질적 수단이며, 자산 이전을 고민하는 모든 이들이 반드시 알아야 할 전략이다.

3-9

가족에게 빌려도
이자를 내야 한다

가족 간에 금전을 주고받는 일은 매우 흔하다. 특히 자녀가 집을 사거나 사업 자금을 마련할 때 부모로부터 자금을 지원받는 경우, 이를 '빌린다'고 말하는 사례가 많다. 하지만 세법은 그저 가족이라는 이유로 무이자 혹은 저이자 대출을 허용하지 않는다. 실제로 이자를 지급하지 않으면, 세법상 그 이자 상당액을 '증여'로 간주하여 증여세를 부과하게 된다. 이 장에서는 가족 간 금전 거래에서 이자를 내지 않을 경우 왜 증여세가 부과되는지, 그리고 이를 방지하기 위한 방법은 무엇인지 살펴본다.

무이자 또는 저이자 대출에 대한 세법의 시각

2025년 현재 세법은 가족 간의 자금 거래라고 하더라도, 금전 소비대차 계약이 성립하고 원리금 상환이 이루어져야 대출로 인정한다. 특히 대출에 있어서는 '정상적인 이자율'이 적용되어야 하며, 이자 없이 돈을 빌려줄 경우, 세법상으로는 무상으로 이자만큼의 이익을 준 것으로 간주한다. 이때의 이자 상당액은 '금전 소비대차에 따른 이익의 증여'로 보아 증여세 과세 대상이 된다.

국세청은 이를 '금전 무상 대출에 따른 증여의제'라 하며, 일정 금액 이상일 경우 정기 예금 이자율 기준으로 증여세를 산정한다. 예컨대 부모가 자녀에게 1억 원을 이자 없이 빌려주었고, 연간 시중 이자율이 4%였다면, 자녀는 연간 400만 원의 경제적 이익을 무상으로 제공받은 셈이 된다. 이 금액이 일정 기준을 초과하면 증여세 신고 및 납부 의무가 발생한다.

증여세가 부과되는 기준은?

금전 무상 대출의 경우, 증여세 과세 여부는 일정 기준에 따라 결정된다. 2025년 현재, 국세청은 1억 원 이상의 무이자 또는 저이자 대출에 대해 이자율 4.6%를 적용하여 증여세 부과 여부를 판단한다. 단, 대출 금액이 1억 원 미만이라고 해도, 장기간에 걸쳐 반복적으로 이루어진다면 세무 조사 대상이 될 수 있다.

또한 무이자뿐만 아니라 시중 이자보다 현저히 낮은 이자율로 빌려준 경우에도, 시중 이자율과의 차액에 대해 증여로 간주될 수 있다. 세법은 이를 '시가와 현저히 차이 나는 거래'로 보고, 실질 과세 원칙을 적용한다. 즉, 세법은 명목상 대출이라는 외형이 아니라, 실질적인 경제적 효과에 주목하는 것이다.

실무에서 자주 발생하는 사례

가장 흔한 사례는 부모가 자녀에게 주택 구입 자금을 지원하는 경우다. 자녀는 "부모님께 빌렸다"고 주장하지만, 실제로는 원금 상환 계획이 없고 이자도 지급하지 않는 경우가 대부분이다. 이 경우 세무 조사 시 증여로 간주되어 증여세가 추징될 수 있으며, 추징 세액은 수천만 원을 넘길 수도 있다.

또한 배우자 간의 자금 거래도 마찬가지다. 부부는 세법상 별도 인격체이기 때문에, 배우자 명의로 자금을 대여했다고 하더라도 이자를 지급하지 않으면 증여로 간주될 수 있다. 특히 고액 자산가의 경우, 금융 거래 내역은 명확하게 남기 때문에 국세청의 자금 출처 조사에서 이러한 거래가 밝혀지는 경우가 많다.

증여세를 피하기 위한 방법

무이자 또는 저이자 대출에 대해 증여세를 피하기 위해서는 다음과 같은 조건을 반드시 갖추어야 한다.

첫째, 금전 소비대차 계약서를 반드시 작성해야 한다. 계약서에는 대출 금액, 이자율, 상환 기간, 연체 시 조치 등을 명시해야 하며, 공증까지 받을 경우 법적 효력이 더 명확해진다.

둘째, 이자는 반드시 시중 은행의 정기 예금 이자율 이상으로 지급해야 하며, 실제 계좌 이체로 정기적으로 납부되어야 한다. 단순히 형식적인 계약만으로는 인정되지 않으며, 실질적인 이자 납부 내역이 입증되어야 한다.

셋째, 원금에 대해서도 상환 계획을 수립하고, 가능하다면 일부라도 상환이 이루어져야 한다. 전혀 상환 없이 시간이 지나면, 세무 당국은 이를 '명목상 대출'로 판단하여 전액 증여로 간주할 수 있다.

가족 간 자금 거래라고 해서 세금이 면제되는 것은 아니다. 특히 이자 없이 돈을 빌려주는 경우, 세법은 이를 '경제적 이익의 무

상속세 과세가액 및 과세표준 대비 세 부담(2022년)

(단위: 백만 원)

상속재산 가액 규모	인원	상속세 과세가액(A)	상속 공제액	과세표준 (B)	결정세액 (C)	실효세율 (C/B)
10억 이하	4,018	2,830,288	2,025,158	805,130	94,658	11.76%
20억 이하	6,920	8,946,955	6,015,743	2,931,211	513,357	17.51%
30억 이하	2,035	4,360,920	2,229,414	2,131,506	510,499	23.95%
50억 이하	1,289	4,310,655	1,815,096	2,495,559	712,496	28.55%
100억 이하	677	4,127,989	1,430,524	2,697,465	932,314	34.56%
500억 이하	312	4,825,191	992,921	3,832,270	1,561,840	40.75%
500억 초과	26	31,575,189	146,735	31,428,454	14,895,736	47.40%
합계	15,760	61,230,449	14,714,030	46,516,419	19,260,324	41.41%

자료: 국세통계연보

상 이전'으로 판단하고 증여세를 부과한다. 고의가 없었다고 하더라도, 세법은 실질에 따라 과세하기 때문에 자칫하면 수백, 수천만 원의 세금이 부과될 수 있다. 따라서 가족 간 자금 거래일수록 오히려 더 철저하게 문서화하고, 이자 납부 등을 통해 실질 거래임을 입증할 수 있어야 한다. 이러한 사전 조치만이 증여세 폭탄을 피할 수 있는 유일한 방법이다.

3-10
공제를 통해
절세한다

상속세는 갑작스러운 사망과 함께 유족에게 큰 경제적 부담으로 다가올 수 있는 세금이다. 특히 금융 자산이 많거나 부동산 비중이 높은 가정에서는, 상속 재산의 유동성 부족으로 인해 세금을 마련하는 데 어려움을 겪는 경우도 적지 않다. 다행히도 세법은 일정한 범위 내에서 공제 혜택과 분납 제도를 마련하고 있으며, 이를 잘 활용한다면 상속세 부담을 크게 줄일 수 있다. 지금부터 상속세 절세를 위한 실질적인 네 가지 전략인 금융 재산 공제, 상속세 부담액 계산, 분납 제도, 연부연납 이자 부담의 장점에 대해 알아보자.

금융 재산 공제 활용

상속세를 계산할 때 상속 재산 중 금융 자산에 대해 일정 금액을 공제해 주는 제도가 바로 금융 재산 공제다. 여기서 금융 자산이란 단순한 예금과 적금에 국한되지 않고, 상장 주식, 채권, 수익 증권, 양도성 예금 증서(CD), 보험 계약의 해지 환급금 등도 포함된다. 특히 보험의 경우, 피상속인이 가입한 보험의 해지 환급금은 금융 자산으로 간주되어 금융 재산 공제 대상이 될 수 있으며, 사망 보험금은 보험 수익자가 상속인일 경우 상속 재산으로 포함되어 과세 대상이 된다. 2025년 현재 기준으로, 피상속인이 사망 당시 보유한 금융 재산 중 최대 2억 원까지 공제받을 수 있다. 이 공제는 상속세 과세가액에서 직접 차감되기 때문에, 실제 납부 세액을 상당히 줄여주는 효과가 있다.

다만 금융 재산 공제를 받기 위해서는 반드시 피상속인의 명의로 보유된 예금, 적금, 주식, 채권 등 금융 자산이 확인되어야 하며, 실질적인 소유 여부에 대한 증빙이 필요하다. 상속 개시 직전 무리한 현금 인출이나 자금 이동이 있을 경우, 금융 재산 공제가 배제되거나 세무 조사의 대상이 될 수 있으므로 주의가 필요하다.

상속세 부담액 계산의 중요성

상속세는 누진세율 구조로 적용되기 때문에, 상속 재산이 많을수록 높은 세율이 적용된다. 과세 표준이 1억 원 이하는 10%, 1억 원 초과 5억 원 이하는 20%, 5억 원 초과 10억 원 이하는 30%, 10억 원 초과 30억 원 이하는 40%, 30억 원 초과분은

50%의 세율이 부과된다.

따라서 상속 개시 전 사전 증여를 통해 상속 재산을 분산하거나, 배우자에게 법적 상속 비율을 충분히 배분함으로써 공제 금액을 최대화하는 방식의 세액 조절 전략이 필요하다. 실제 상속세는 상속인별로 분담되며, 과세 표준에서 각종 공제를 최대한 반영한 뒤 세액을 계산해야 하므로, 상속 전 미리 전문가와 함께 시뮬레이션을 해보는 것이 절세의 출발점이 된다.

상속세 분납 제도 활용

상속세는 일시 납부가 원칙이지만, 고액 상속세라서 일시에 현금을 마련하기 어려운 상속인을 위해 분납 제도를 운영한다. 2025년 현재, 상속세 납부 세액이 2,000만 원을 초과하면 최대 5년에 걸쳐 분할 납부가 가능하다. 이를 통해 상속인은 보유 자산을 천천히 정리하면서 세금을 분할로 납부할 수 있다.

분납은 매년 정해진 기한 내에 정기적으로 납부하는 방식이며, 신청 시 납세 담보를 요구받을 수 있다. 납세 담보란 납세자가 세금을 일정 기간에 걸쳐 분할 납부하거나 연기 납부할 때, 세금이 정상적으로 납부되지 않을 경우를 대비해 국세청이 확보해 두는 보증 자산을 의미한다. 이는 국세징수법상 국가의 징수권 보호를 위한 조치로, 납세자가 세금을 기한 내에 내지 않으면 국가는 담보로 제공된 자산에서 세금을 회수할 수 있다. 담보로는 부동산, 예금, 보험 증권 등이 활용될 수 있으며, 담보 제공이 어려운 경우 일부 유예가 제한될 수 있다. 분납을 활용하는 경우, 자산의 처분 계획과 현금 흐름을 철저히 고려해 계획을 수립하는 것이 중요하다.

연부연납과 이자 부담의 장점

연부연납은 말 그대로 세금을 나누어 납부하는 제도로, 상속 재산이 대부분 비유동 자산(예: 부동산, 비상장 주식)으로 구성된 경우 매우 유용하다. 상속세 총액 중 1/6 이상이 비유동 자산일 경우, 연부연납 제도를 활용하여 상속세를 최대 20년에 걸쳐 납부할 수 있다.

이 경우 매년 일정한 이자율(2025년 기준 약 3%)이 적용되지만, 금융 기관 대출 금리보다 낮은 수준이므로 효율적이다. 특히, 기업 승계를 고려하는 경우 비상장 주식을 연부연납 대상에 포함시켜 장기적으로 세금을 분산 부담할 수 있다는 점에서 장점이 크다.

단, 연부연납 역시 납세 담보를 요구하고, 매년 납부 기일과 이자율을 준수해야 한다. 이를 위반할 경우 납세 불이행으로 간주되어 가산세가 부과되거나 담보 자산이 압류될 수 있으므로 사후 관리도 중요하다.

상속세는 철저한 준비 없이는 예기치 않은 세금 폭탄이 될 수 있다. 하지만 금융 재산 공제를 포함한 공제 제도와, 분납·연부연납과 같은 유예 제도를 제대로 활용한다면 세 부담을 효과적으로 분산할 수 있다. 중요한 것은 상속이 개시되기 전 미리 준비하고,

재산의 구성과 상속인의 상황을 고려한 맞춤형 전략을 수립하는 것이다. 전문가와의 사전 상담을 통해 가족의 재산을 온전히 다음 세대로 이전하는 지혜가 필요하다.

3-11

증여세
절세 전략

증여세는 살아 있는 동안 가족에게 재산을 이전할 때 발생하는 세금으로, 증여 방식과 시기, 수증자의 관계에 따라 세금 부담이 달라진다. 특히 증여는 상속과 달리 유언이나 사망을 기다릴 필요가 없다는 점에서 자산가들이 선호하는 절세 수단이기도 하다. 그러나 무계획적인 증여는 오히려 높은 세율과 누진 합산으로 세금 폭탄이 될 수 있으므로, 증여세 공제 제도를 충분히 이해하고 활용하는 것이 중요하다.

배우자에게 증여 시 공제 혜택 활용

2025년 현재, 배우자에게 증여할 경우 최대 6억 원까지 증여재산 공제가 가능하다. 이 금액은 2000년대 초반부터 거의 변하지 않고 유지되어 왔지만, 최근 고령화와 자산 불균형 문제, 물가

상승률 등을 고려해 향후 공제 한도 상향 조정이 필요하다는 의견이 꾸준히 제기되고 있다. 실제로 국회와 기획재정부 내부에서도 배우자 공제 한도를 8억 원 또는 10억 원으로 상향 조정하는 방안이 검토된 바 있으며, 향후 세법 개정을 통해 단계적 인상이 이루어질 가능성이 있다.

따라서 현재의 6억 원 한도는 활용 가치가 여전히 높지만, 자산 이전 계획이 장기적인 경우에는 향후 제도 변화까지 염두에 둔 전략적 대응이 필요하다.

2025년 현재, 배우자에게 증여할 경우 최대 6억 원까지 증여재산 공제가 가능하다. 이 공제는 10년 동안 적용되며, 부부 간 주택 이전, 예금 증여, 주식 이전 등 다양한 방식으로 활용될 수 있다. 중요한 점은 반드시 증여 계약서를 작성하고, 실제 자금 흐름을 입증할 수 있는 이체 내역 등 증빙을 갖춰야 한다는 것이다. 형식만 갖추고 실질이 없는 증여는 세무 조사 시 인정되지 않으며, 공제도 배제될 수 있다.

배우자 공제는 증여세 공제 한도 중 가장 금액이 크기 때문에, 고액 자산 이전의 핵심 전략으로 자주 활용된다. 단, 과거 10년 이내 동일 배우자에게 증여한 금액은 합산되므로, 증여 시점 간격과 금액을 분산하여 공제 한도를 최대한 활용하는 것이 유리하다

자녀 및 직계 비속에게 증여 시 공제 전략

직계 비속에게 증여할 경우, 10년간 5,000만 원(미성년자는

2,000만 원)까지 공제가 가능하다. 공제는 수증자 기준으로 판단되므로, 자녀가 여러 명일 경우 각각에게 공제를 적용할 수 있다. 이를 활용해 연도별, 인원별로 분산 증여를 하면 누진세율 구간을 피하고 전체 증여세 부담을 줄일 수 있다.

예를 들어 부모가 성년 자녀 두 명에게 각각 5,000만 원씩 증여하면 총 1억 원을 공제받을 수 있다. 또, 조부모가 손자녀에게 직접 증여할 경우에는 세대 생략 할증(30%)이 붙지만, 자녀를 거쳐 손자녀에게 증여하는 '이단계 증여'를 통해 할증을 피할 수도 있다.

기타 실무에서 활용되는 절세 전략

1) 연차별 분산 증여

동일 수증자에게 10년마다 공제 한도를 새로 적용할 수 있으므로, 고액 자산 이전은 한 번에 하지 말고 연차별로 분산하는 것이 좋다.

2) 가족 구성원 활용

배우자뿐 아니라 자녀, 손자녀, 며느리, 사위 등에게 증여할 때 각자에 대해 공제를 받을 수 있으며, 가족 수가 많을수록 전략적 분산의 폭이 넓어진다.

3) 사전 증여+후기 상속 병행 전략

고소득 자산가라면 생전에는 공제 한도 내에서 증여를 하고, 사후에는 상속 공제를 적극 활용하는 이중 전략이 절세에 유리하다.

4) 부동산 증여 시 시가 기준 판단

부동산을 증여할 경우, 공시 지가가 아닌 시가 기준으로 평가되며, 시세가 낮은 시기에 증여하면 절세 효과가 크다. 특히 감정 평가를 활용하면 시가 산정이 보다 유리하게 작용할 수 있다. 실거래가가 없는 경우나 특수한 형태의 부동산일 경우, 감정 평가를 통해 적정 시가를 인정받을 수 있고, 그 결과로 과세 표준을 줄이는 효과도 기대할 수 있다. 다만, 감정 평가는 세무서가 받아들일 수 있는 공신력 있는 감정 기관의 평가서를 기반으로 해야 하며, 증여 후 3개월 이내 매매가 발생하면 감정가보다 시가가 우선 적용될 수 있으므로 시기 선택과 함께 전략적인 활용이 중요하다. 요약하면 부동산을 증여할 경우, 공시 지가가 아닌 시가 기준으로 평가되며, 시세가 낮은 시기에 증여하면 절세 효과가 크다. 단, 증여 후 3개월 이내 매매가 발생하면 시가가 새로 적용될 수 있으므로 주의가 필요하다.

5) 주식 증여 시 저평가 시점 포착

비상장 주식이나 평가가 하락한 시점의 상장 주식을 증여하면 세 부담을 줄일 수 있다. 주식은 증여일 전후 2개월의 평균가를 기준으로 과세되므로, 시장 변동성을 활용한 시기 조절이 중요하다.

6) 가상자산 증여 시 시세 변동성 활용

가상자산은 가격 변동성이 크기 때문에, 하락 시점에 증여를 하면 같은 수량이라도 낮은 평가가액으로 증여세를 줄일 수 있다. 2025년 현재 가상자산의 평가 기준은 증여일 전후 1개월 내 시세 평균가로 정해지며, 시세 확인이 가능한 거래소 기준 가격이 적용된다. 따라서 가격이 크게 하락했을 때를 포착해 증여하는 전략은 매우 유효하며, 향후 상승이 예상되는 종목을 중심으로 사전에 계획된 증여가 중요하다. 비상장 주식이나 평가가 하락한 시점의 상장 주식을 증여하면 세 부담을 줄일 수 있다. 주식은 증여일 전후 2개월의 평균가를 기준으로 과세되므로, 시장 변동성을 활용한 시기 조절이 중요하다.

증여는 계획적인 접근이 필요하다. 단순히 공제만 보고 증여를 진행하면, 나중에 누진 합산 또는 명의 신탁 의심으로 오히려 불리해질 수 있다. 공제 제도, 증여 시기, 수증자 구성 등 모든 요소를 종합적으로 고려해 전략을 수립하는 것이 바람직하다. 전문가의 조언을 받아 시뮬레이션과 사전 증빙을 갖추는 것이 증여세 절세의 핵심이다.

가상자산,
비트코인 세금은 이렇게

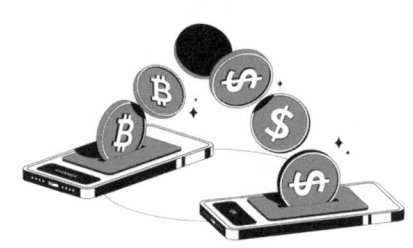

개인 투자 수익에 대한 과세

개인이 비트코인 거래로 수익을 얻었을 때, 소득세는 어떻게 계산하고 신고해야 할까. 결론부터 얘기하자면 우리나라에서 2027년 1월 1일까지는 개인의 비트코인 거래는 과세되지 않는다. 비트코인 거래로 얻는 수익은 소득세법에서 '기타소득'이란 구분으로 세금을 부담하게 된다. 지난 2024년 12월 10일 국회에서 개인의 비트코인(암호화폐) 수익에 대한 과세 도입을 2027년까지 연기하기로 결정하여 2026년까지는 비트코인 거래가 과세되지 않는다. 당초 2025년부터 시행할 예정이었던 소득세 과세는 규제 기반과 모니터링 도구의 개선이 필요하다고 보아 연기되었다. 이와 관련하여 더 높은 면제 기준으로(현재 250만 원) 상향 조정도 제안되었으나, 최종적으로 채택되지는 않고 시행 기간만 연장되었다.

소득세법 제21조【기타소득】

① 기타소득은 이자소득·배당소득·사업소득·근로소득·연금소득·퇴직소득 및 양도소득 외의 소득으로서 다음 각 호에서 규정하는 것으로 한다.

27.「가상자산 이용자 보호 등에 관한 법률」제2조 제1호에 따른 가상자산(이하 "가상자산"이라 한다)을 양도하거나 대여함으로써 발생하는 소득

소득세법 제84조【기타소득의 과세최저한】

기타소득이 다음 각 호의 어느 하나에 해당하면 그 소득에 대한 소득세를 과세하지 아니한다.

3. 해당 과세기간의 가상자산 소득금액이 250만 원 이하인 경우

2027년 1월 1일부터 과세

2027년 1월 1일부터 250만 원을 초과하는 비트코인 양도 차익을 얻을 경우에는, 양도 차익의 20%에 해당하는 종합소득세와 2%에 해당하는 지방소득세를 부담하게 된다. 이 세금 계산을 산식으로 표현하면 다음과 같다.

(소득 금액-250만 원)×20%=기타소득세(지방소득세 10% 별도)

'소득 금액'은 개인이 거래소에서 코인을 사고팔 경우, 판매 가격에서 이동평균법으로 계산한 취득가액을 뺀 금액을 말한다(법인의 경우 선입선출법). 상장된 코인의 경우에는 2027년 1월 1일 0시

의 금액을 취득가액으로 의제하니, 세금이 없을 때 "코인을 미리 팔아서 이익을 실현해야지!" 하는 생각은 안 해도 된다. 예를 들어 1,000만 원에 산 코인을 1,300만 원에 팔았을 경우, 300만 원이 소득 금액이고, 과세 최저한인 250만 원을 제외한 50만 원에 22%한 11만 원이 소득세다. 이렇게 계산된 소득세는 다른 소득과 함께 소득 발생 다음 해의 5월말까지 종합소득세를 신고하면 된다. 이때 발생한 소득이 300만 원 이하일 경우에는, 위에서 계산한 세금을 분리 과세로 신고하고 납부하면 된다.

소득세법 시행령 제88조(가상자산에 대한 기타소득금액의 계산 등)

①법 제37조에 따라법 제21조 제1항 제27호에 따른 가상자산(이하 "가상자산"이라 한다)을 양도함으로써 발생하는 소득에 대한 기타소득금액을 산출하는 경우에는 「특정 금융거래정보의 보고 및 이용 등에 관한 법률 시행령」 제10조의10제2호 나목의 가상자산주소별로 다음 각 호의 구분에 따른 평가방법을 적용하여 계산한다.
1. 「특정 금융거래정보의 보고 및 이용 등에 관한 법률」 제7조에 따라 신고가 수리된 가상자산사업자(이하 "신고수리가상자산사업자"라 한다)를 통해 거래되는 가상자산의 경우: 제92조 제2항 제5호의이동평균법
2. 제1호 외의 경우: 제92조 제2항 제2호의 선입선출법

손실 발생 시 세금 처리

가상자산 거래에서 손실이 발생했을 때, 이 손실은 다른 소득에서 공제가 가능한지도 생각해 볼 필요가 있다. 현재 시행되는 비

트코인(암호화폐) 관련 손실은 다른 소득의 이익과 상계할 수 없도록 규정한다. 비트코인 거래 소득이 '기타소득'으로 분류되기 때문이다. 기타소득은 일반적으로 일시적인 수익을 의미하기 때문에 이러한 소득에서 발생한 손실은 다른 소득과 상계할 수 없다(경우에 따라 사업소득으로 가상자산 거래를 하는 사업자는 가능하다). 따라서 암호화폐 투자로 인한 손실을 다른 소득에서 발생한 이익과 상계하는 것은 현재 세법하에서는 허용되지 않는다. 비트코인의 독특한 성격을 고려하여 다른 소득과 상계하여 손실을 보전할 수 있는 세법을 개정할 필요성이 지속적으로 요청되고 있다.

소액 거래에 대한 과세 여부

커피 한 잔을 비트코인으로 결제하는 등 소액 거래도 세금 신고 대상인지도 생각해 보자. 커피 한 잔을 비트코인으로 결제하는 경우에, 달리 말하면 비트코인을 현물로 바꾸면서 비트코인을 양도할 경우다. 이 경우에도 양도에 해당되어 차액이 발생한다면 기타소득에 해당한다. 제공받은 서비스의 가격(커피값)이 양도가액이 되어 비트코인 취득가액을 빼주게 되고, 만약 차액이 발생한다면 이 금액을 기타소득으로 보게 된다. 소액 결제가 모여서 연간 250만 원의 소득(차액)이 발생할 경우에는 기타소득으로 과세될 수 있다. 다만 차액이 250만 원이 쌓이려면 많은 커피를 마셔야 할 것이다.

가상자산으로 받은 급여 및 보너스

직원이 비트코인으로 급여를 받았다면, 소득세는 어떤 기준으로 계산될까. 근로를 제공하고 급여를 받을 경우에 이 소득을 근로 소득이라고 한다. 이때 비트코인으로 급여를 받았다면 이것은 '현물'로 급여를 받은 것으로 볼 수 있다. 일반적으로 현물로 급여를 받은 경우에는 받은 현물의 '시가'를 소득으로 본다. 이때 받은 현물의 시가를 어떻게 산정할지의 문제가 될 수 있는데, 비트코인의 경우에는 가격이 일정치 않고 시시각각 가격이 변동되기 때문이다.

비트코인은 아니지만, 주식을 현물 급여로 지급했을 때 근로 소득 수입 금액에 해당하는 "주식의 가액을 상속세법상 평가금액으로 하라"는 판례가 있다. 이처럼 비트코인으로 급여를 받은 경우에도 주식과 마찬가지로 상속세법상 평가 금액으로 계산할수 있다. 그렇다면 상속세법상 가상자산의 평가는 어떻게 계산될까?

상속세 및 증여세법 시행령에서는 거래소에 상장된 코인의 경우 기준일(소득을 수령한 날)을 기준으로 전, 후 1개월간의 평균가액을 기준으로 계산하도록 법에 평가 기준을 정해 놓았다. 즉, 2개월의 평균 금액이 해당 코인의 시가가 되는 것이다(참고로 비상장 코인의 경우는 거래 사례가 있을 경우 그 가액이나, 합리적으로 인정되는 가액을 그 시가로 본다). 예를 들어 2월 1일 수령한 코인의 전 1개월 평균이 1000만 원, 후 1개월 평균이 500만 원 일 경우 2월 1일에 수령한 근로소득은 750만 원이 되는 것이고, 이에 맞는 세율로 소득세를 납부하게 된다.

현물 급여 지급에 대한 판례

사건번호: 소득46011-2574
년/월/일: 1999.07.06.

[제목] 근로제공대가로 조건부주식을 받는 경우 수입시기 등
[회신] 이 경우 근로소득수입금액에 해당하는 주식의 가액은 당해 조건이 성취된 날 현재의상속세및증여세법 제63조(유가증권 등의 평가)의 규정에 의하여 평가한 가액으로 하는 것임.

상속세 및 증여세법 시행령 제60조【조건부 권리 등의 평가】
「특정 금융거래정보의 보고 및 이용 등에 관한 법률」 제7조에 따라 신고가 수리된 가상자산사업자(이하 이 항에서 "가상자산사업자"라 한다) 중 국세청장이 고시하는 가상자산사업자의 사업장에서 거래되는 가상자산: 평가기준일 전·이후 각 1개월 동안에 해당 가상자산사업자가 공시하는 일평균가액의 평균액.

국외 거래소 이용 시 세금

국외 거래소를 통해 거래한 가상자산 수익은 국내 세금 신고 대상인지도 생각해 보자. 대한민국 국민의 4대 의무 중 납세의무는 '거주자'일 때 그 세금 납부 의무를 진다. 따라서 거주자라면, 국외 거래소를 통해 거래한 가상자산 수익도 신고 대상인 거래로 볼

수 있다.

　여기서 '거주자'라 함은 국내에 주소가 있거나 183일 이상 거소를 둔 사람을 말하는데, 국내에서 생계를 같이하는 가족 및 국내에 소재하는 자산의 유무 등 생활 관계의 객관적 사실에 따라 판정하게 된다. 한국에 주소가 있다면 거주자이니 납세 의무가 있는 것으로 국외 거래소를 통해 거래하더라도 세금을 신고 납부해야 하니 이 부분에 유의해야 한다.

채굴 소득의 세금

　개인 또는 기업이 채굴을 통해 얻은 가상자산은 소득세 또는 법인세로 어떻게 신고해야 할까. 채굴의 경우 반복적인 판매를 해야 한다고 보면, 사업소득으로 보아 과세 의무가 발생한다. 법인의 경우 법인세를 납부하면 된다. 개인 소득세의 경우 소득 발생이 있는 해의 다음 해 5월 말까지, 법인세의 경우 다음 해 3월 말까지 신고 납부하면 된다. 단, 법인의 경우에는 선입선출법을 이용해 먼저 채굴된 코인의 원가를 별도로 계산해야 하는 복잡함이 있다. 채굴을 하기 위한 장비는 감가상각을 통해서 비용으로 인정받을 수 있으며, 각종 채굴을 위한 인건비, 전력비, 기타 비용이 채굴 원가로 인정받을 수 있다. 다음과 같은 사례를 통해 소득 금액을 알아보자.

채굴 소득의 세금 예시

1. 가정 : 2025년 1월 1일~2025년 12월 31일

수입 금액

채굴한 코인 양: 100개

판매한 코인 양: 50개

판매한 총 코인 수입 금액: 200,000,000원

채굴 원가

전력비: 40,000,000원

인건비: 30,000,000원

채굴기 구입비: 200,000,000원(편의상 정액법으로 5년 상각을 가정)

각종 부대 경비: 10,000,000원

임차료: 10,000,000원

2. 소득 금액 계산(단위: 원)

200,000,000(수입 금액)-90,000,000(전력비, 인건비, 부대경비, 임차료)-40,000,000(채굴기 감가상각비)=70,000,000

개인의 경우 2026년 5월 31일까지 종합소득세율(6%~45%로, 기타소득 20%가 아니다)에 따라 신고 및 납부 해야 한다. 이것은 위의 기타소득이 2026년 말까지 과세가 연기된 것과는 다르므로 현재도 납부해야 하는 소득임에 유의하기 바란다. 법인의 경우 2026년 3월 31일까지 법인세율(9%~24%)에 따라 세금을 신고 및 납부해야 한다.

기부 및 기여 시 세금 혜택

비트코인으로 기부를 하면 세액 공제 혜택을 받을 수 있는지도 생각해 보자. 세법에서 정한 기부금을 인정받을 수 기관에 비트코인으로 기부 시 개인의 경우 세액 공제를 받을 수 있다. 법인의 경우에는 일정 범위 안에서 비용으로 인정되어 세액이 감소되는 효과를 볼 수 있다. 이렇게 코인으로 기부를 하는 것은 앞에서 살펴본 현물 급여와 마찬가지로 '현물 기부금'으로 볼 수 있을 것이다. 따라서 이러한 현물 기부금의 상속세 및 증여세법에서 정한 코인의 시가가 존재할 수 있기 때문에 기부한 금액이 시가인지 취득가액(장부가액)인지가 중요한 이슈가 될 수 있다. 기부자가 개인과 법인일 때 각각 어떻게 이러한 현물 기부금을 평가하는지는 다음과 같다.

현물 기부금의 구분

구분	기부자	법인	개인
특례 기부금(주1)		장부가액	Max (취득 장부가액, 시가)
일반 기부금 (주2)	특수 관계(주3)가 있는 경우	Max(장부가액, 시가)	
	특수 관계가 없는 경우	장부가액	

(주1) 국가, 지방자치단체, 사립학교, 대학병원 등에 기부하는 기부금
(주2) 사회복지법인, 종교 단체, 유치원 등에 기부하는 기부금
(주3) 특수 관계: 법인의 지배주주 또는 그 친족, 30% 이상을 출자한 법인, 임직원 등

가상자산을 통한 지급 및 대가 수령

기업이 비트코인으로 제품이나 서비스를 판매하고 대가를 받았다면, 부가가치세는 어떻게 적용될까. 기업이 제공하는 제품이나 서비스가 부가가치세를 면제받는 기업이 아닐 경우에는 제공하는 서비스나 제품의 가격에 부가가치세를 더한 만큼의 비트코인을 계산해서 수령해야 한다. 현재까지는 현금성 자산을 받은 것이 아니라고 보아서 코인을 받은 경우에는 현금영수증은 발행하지 않아도 된다.

기업은 상장된 코인을 받은 경우 거래 당시의 거래소 시가를 기준으로 수령하고 장부에 기록하면 된다. 상장되지 않은 코인을 받았다면, 제공하는 제품과 서비스의 가격을 기준으로 장부에 기록

가상자산을 통한 지급 및 대가 수령 관련 법령

기획재정부 부가가치세제과-145
가상자산의 공급은 부가가치세 과세대상에 해당하지 아니함

기준법령부가-116
사업자가 부가가치세 과세대상이 아닌 가상자산을 채굴하기 위해 전산장비 등을 취득하는 경우 해당 취득관련 매입세액은 공제되지 아니함

서면-2020-법령해석소득-3366
재화 또는 용역을 공급받은 자가 가상화폐로 대금을 지급하는 경우 현금영수증 발급대상에 해당하지 아니하는 것이다

하면 된다. 이와는 별개로 코인 자체를 공급하는 채굴업이나 발행업은 부가가치세 대상이 아니라고 판단하고 있으니 이를 비교해 보면 된다.

신고 누락 시 페널티

개인 또는 기업이 가상자산 거래 수익을 신고하지 않았을 때 발생할 수 있는 과태료나 벌칙이 있다. 가상자산 거래 수익을 신고하지 않았다면, 납부 세액의 20%에 달하는 무신고 가산세와 기한에 따라 납부 관련 가산세를 부담하게 된다. 개인의 경우 거래 수익이 기타소득에 해당될 경우 2027년부터 발생하는 소득에 대해 반드시 신고하여 불이익을 받지 않도록 유의하기 바란다. 법인의 경우에는 현재도 법인의 순이익을 증가시키는 가상자산 거래가 있을 경우에는 신고 의무가 있으니 유의해야 한다.

이와는 별개로 가상자산을 국외의 거래소에 보관하고 있다면, 각 월말(1월~12월)에 그 금액이 5억 원이 넘는지 꼭 확인해야 한다. 만약에 매월 말일 중 어느 하루라도 가상자산 국외 계좌 또는 지갑(특히 메타마스크)에 보유하고 있는 가상자산의 합계가 국외 예금과 채권 등을 합산하여 5억 원을 초과할 경우에는 초과하는 해의 다음 해 6월 1일부터 30일까지 국세청장에게 국외금융계좌신고를 해야 한다. 이를 수행하지 않을 경우 최대 미신고액의 20%에 달하는 과태료를 부담할 수 있으니 이 점을 반드시 기억해야 한다.

실제 예전에 고액의 가상자산을 국외 지갑에 보관만 하고 있던 분이 있었다. 거래를 하지 않아도 미신고 시 과태료가 부과된다는 사실을 몰랐던 것이다. 결국 수억 원의 과태료를 내게 되었다. 이런 때에는 과태료 감면을 받기가 매우 어렵도록 법이 정해져 있어서, 부담을 줄이기 쉽지 않으니 이 부분은 꼭 챙겨서 신고해야 한다.

계좌 신고 의무자가 미신고 시의 과태료

위반 금액	과태료(20억 원 한도)
20억 원 이하	위반 금액의 10%
20억 원 초과 50억 원 이하	2억 원+20억 원을 초과한 금액의 15%
50억 원 초과	6.5억 원+50억 원을 초과한 금액의 20%

법인의 가상자산 매도 수익

기업이 보유하던 가상자산을 매도해 수익이 발생했을 경우, 법인은 반드시 '선입선출법'으로 계산한 취득 원가를 기준으로 매도 수익을 계산해야 한다.

법인세법 시행령 제77조【가상자산의 평가】

가상자산은 선입선출법에 따라 평가해야 한다.

이를 가능하게 하려면 재고자산 수불부처럼 가상자산 수불부를 작성하고, 입출고 수량과 단가를 정확하게 기록해야 한다. 시스템을 갖추고 자동으로 선입선출을 관리하려면 비용이 많이 발생할 수 있다. 다음 예시를 통해 가상자산 매도 수익에 대한 법인세를 알아보자.

법인의 가상자산 매도 수익 예시

1. 취득과 판매에 대한 가정

2025년 1월 1일 @코인 100개 취득(개당 10,000원)

2025년 5월 30일 @코인 100개 취득(개당 20,000원)

2025년 6월 5일 @코인 50개 판매(개당 30,000원)

2025년 8월 3일 @코인 100개 판매(개당 20,000원)

2025년 11월 10일 @코인 100개 취득(개당 30,000원)

2025년 12월 14일 @코인 100개 판매(개당 35,000원)

2. 수익 계산

2025년 6월 5일 판매분 수익=1,000,000원

판매가: 50x30,000=1,500,000원

취득가: 50x10,000=500,000원

2025년 8월 3일 판매분 수익=500,000원

판매가: 100x20,000=2,000,000원

취득가: 50x10,000+50x20,000=1,500,000원

(1월 1일 취득분 50개, 5월 30일 취득분 50개)

2025년 12월 14일 판매분 수익=1,000,000원

판매가: 100x35,000=3,500,000원

취득가: 50x20,000+50x30,000=2,500,000원

(5월 30일 취득분 50개, 11월 10일 취득분 50개)

3. 잔여 코인의 가치

선입선출법에 의해 먼저 산 코인이 판매된 것으로 보아 12월 31일에 기업에 남아 있는 코인 50개는 전부 11월 10일에 구입한 코인으로, 개당 30,000원에 구입한 코인이다. 즉, 연말 잔여 코인의 가치는 1,500,000원으로 회계장부에 기록한다.

4. 법인세

위의 2의 수익을 더한 당기 순이익에 법인세율을 곱하면 법인세를 부담하게 된다. (다른 수익이 있으면 합쳐서 세율 적용)

이처럼 법인의 경우 가상자산의 취득 시기에 따른 취득가에 대한 평가에 유의해야 하는데, 실무상 장부 금액을 잘 관리하는 것이 매우 어렵다. 꼭 매수매도하는 것이 아니라 가상자산 채굴업의 경우에도 먼저 채굴된 코인의 채굴 원가를 계산하는 것으로 이해하고 계산해야 한다.

이처럼 법은 선입선출법을 통해 매도 이익을 계산하게 되어 있으나 수많은 거래가 일어나는 코인 거래의 특성상 실무적으로 선입선출법 계산을 정확하게 하기에는 많은 비용과 노력이 필요한 부분이라 실제 계산과 검증이 매우 어렵기도 하다.

특히나, 예전에 자문했던 채굴업의 경우 이더리움을 초와 분, 소수점(예 0.00001/초) 단위로 채굴하기 때문에 정확한 선입선출 원가를 계산하기가 불가능에 가까웠던 경험이 있다.

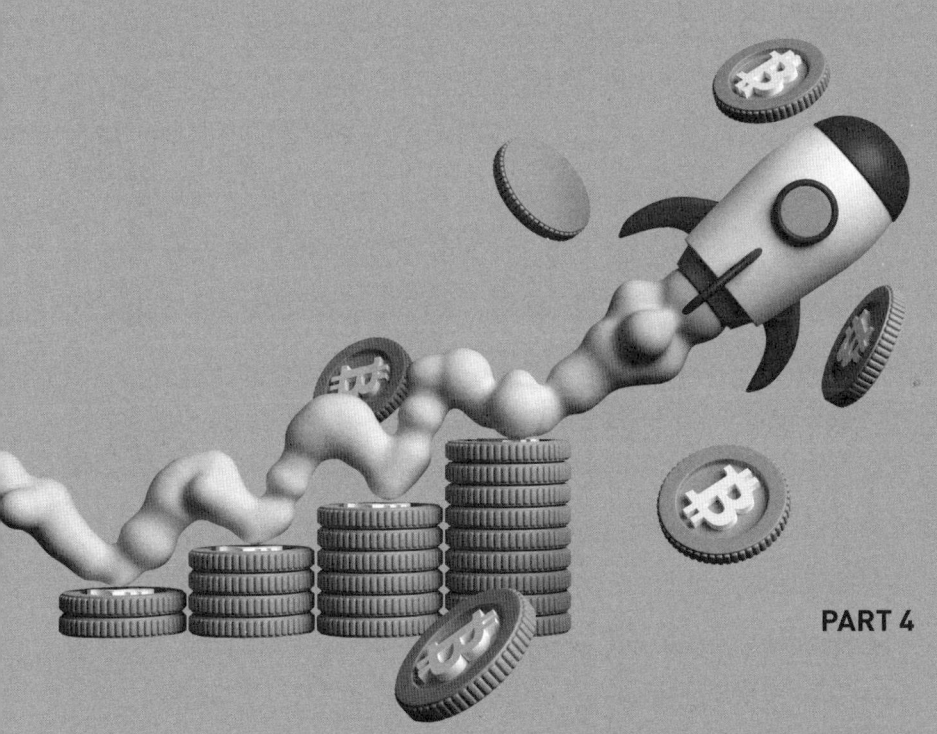

PART 4

기업 회계 비트코인과
절세 효과

4-1
우리 회사는
비트코인을 삽니다

요즘 많은 기업들이 비트코인에 대한 단순한 관심을 넘어, 가상
자산에 투자하거나 결제 수단으로 사용하는 경우가 점점 늘어나
고 있다. 이제 가상자산에 대한 정보는 선택이 아니라 필수이며,
기업이 가상자산 거래를 재무제표에 어떻게 기록해야 하는지도
중요한 질문이 되고 있다.

예전에는 가상자산을 별도로 다루는 회계 기준이 없어 기존 기
준을 그대로 적용했지만, 비트코인 같은 가상자산의 독특한 특성
과 시장의 빠른 성장으로 인해 이를 더 잘 반영할 방법을 고민해
야 하는 상황이다. 기업들은 이제 가상자산을 어떻게 장부에 기록
할지 구체적인 해답을 찾아야 한다. 가상자산은 투자 목적으로 구
매하거나, 고객과의 거래에서 결제 수단으로 사용하거나, 다른 기
업과의 거래에서 교환의 수단으로 쓰이는 등 다양한 방식으로 활

용된다. 이 때문에 이런 거래를 재무제표에 정확히 기록하는 방법을 아는 것이 중요하다.

예를 들어 가상자산을 투자 목적으로 보유하면 무형자산이나 재고자산으로 분류된다. 또한 고객이 가상자산으로 결제하면 해당 가상자산의 시장 가격으로 수익을 기록해야 하고, 환율 변동이 있다면 추가적인 손익도 계산해야 한다. 가상자산의 가격이 오르거나 내릴 때 기업의 재무 상황에 미치는 영향도 중요하다. 가격이 크게 변하면 손익계산서에 반영될 수 있다. 가상자산을 담보로 대출을 받거나, 직원 보너스로 지급하거나, 스마트 계약으로 수익을 받을 때도 각각의 회계 처리 방법이 필요하다.

이번 장에서는 가상자산 거래와 관련된 주요 질문들을 다룬다. 이를 통해 기업 운영자와 사업자들이 가상자산 회계 처리에서 겪을 수 있는 문제들을 쉽게 이해하고 해결책을 찾을 수 있도록 돕고자 한다. 가상자산이 이제 단순한 금융 혁신의 도구가 아니라, 기업 운영에 중요한 역할을 하고 있는 만큼, 이 내용을 잘 이해하는 것이 성공적인 경영에 큰 도움이 될 것이다.

4-2

글로벌 기업의 비트코인 보유 사례: 마이크로스트래티지

기업들은 왜 비트코인을 구매할까? 과거에는 주로 개인이 투자하는 자산으로 여겨졌지만, 이제는 세계적으로 유명한 대기업들도 비트코인을 대차대조표에 추가하고 있다.

미국의 마이크로스트래티지라는 기업이 비트코인을 대규모로 구매하기 시작한 것을 기점으로, 전기차 기업 테슬라나 결제 앱을 운영하는 블록 같은 다른 기업들도 가상자산 시장에 참여하기 시작했다. 이 기업들은 왜 비트코인을 구매하고, 어떻게 활용할까?

"우리 회사의 미래는 비트코인이다!"

마이크로스트래티지는 미국의 비즈니스 인텔리전스 회사로, 비트코인을 대규모로 보유하고 있는 기업 중 하나다. 이 회사는 2020년부터 비트코인을 적극적으로 매입하기 시작했으며, 현재

약 461,000 BTC를 보유했다. 마이크로스트래티지는 비트코인을 보유함으로써 인플레이션을 방어하고 자산을 다각화하려는 목적을 가졌다.

1) 인플레이션 방어

인플레이션은 돈의 가치가 떨어지는 현상이다. 예를 들어 오늘 1,000원으로 사탕 10개를 살 수 있었는데, 내일은 1,000원으로 사탕 5개밖에 살 수 없게 되는 경우다. 이렇게 되면 돈의 가치가 떨어진 것이다. 마이크로스트래티지는 비트코인을 '디지털 금'으로 생각한다. 금은 시간이 지나도 가치가 잘 떨어지지 않는다. 비트코인도 마찬가지로, 시간이 지나도 가치가 오를 가능성이 높다고 생각한다. 비트코인은 공급량이 제한되어 있어서, 시간이 지나면 더 귀해질 수 있기 때문이다. 그래서 마이크로스트래티지는 인플레이션으로 인한 화폐 가치 하락을 방어하기 위해 비트코인을 매입한다.

2) 자산 다각화

마이크로스트래티지는 비트코인을 보유함으로써 회사의 자산 포트폴리오를 다각화한다. 자산 포트폴리오는 회사가 가지고 있는 돈이나 재산의 종류를 말한다. 예를 들어 회사가 현금, 주식, 부동산을 가지고 있다면, 이 모든 것이 자산 포트폴리오에 포함된다. 마이크로스트래티지는 전통적인 금융 자산 외에도 디지털 자산인 비트코인을 포함시켜 리스크를 분산시키려는 목적이 있다. 리스크를 분산시키는 것은 위험을 줄인다는 의미다. 예를 들어 주식 시장이 안 좋아져도 비트코인의 가치가 오르면 회사의 자산 가치는 유지될 수 있다. 이렇게 하면 회사의 자산이 더 안전해진다.

3) 장기적 투자

장기적인 투자는 오랜 시간 동안 돈을 투자하는 것을 의미한다. 마이크로스트래티지는 비트코인의 가치가 지속적으로 상승할 것이라고 기대한다. 예를 들어 지금 비트코인의 가격이 100만 원이라면, 10년 후에는 200만 원이 될 수도 있다고 예상하는 것이다. 이렇게 비트코인의 가치가 오를 것이라고 생각해서, 마이크로스트래티지는 비트코인을 장기적으로 보유하려고 한다. 이렇게 하면 회사의 자산 가치도 오를 수 있다.

비트코인 보유로 인한 문제점

1) 가격 변동성

비트코인의 가격은 자주 오르락내리락한다. 예를 들어 오늘은 비트코인 한 개가 100만 원인데, 내일은 50만 원이 될 수도 있다. 이렇게 가격이 많이 변하면, 비트코인을 가지고 있는 회사의 재무 상태에 큰 영향을 미칠 수 있다. 만약 비트코인의 가격이 갑자기 많이 떨어지면, 회사의 자산 가치도 크게 감소할 수 있다. 회사의 자산 가치는 회사가 가지고 있는 돈이나 재산의 총합이다. 비트코인의 가격이 급락하면, 회사의 자산 가치도 줄어들어서 회사가 어려움을 겪을 수 있다.

2) 규제 리스크

비트코인 같은 암호화폐에 대한 규제가 강화될 수 있다. 규제는 정부나 기관이 정한 법이나 규칙이다. 만약 비트코인에 대한 규제가 강화되면, 비트코인을 보유한 회사의 전략에 부정적인 영향을 미칠 수 있다. 예를 들어 정부가 비트코인 거래를 금지하거나, 비트코인에 높은 세금을 부과하면, 회사는 비트코인을 보유하는 데어려움을 겪을 수 있다.

3) 세금 문제

비트코인을 보유하면 세금 문제가 발생할 수 있다. 세금은 정부에 내야 하는 돈이다. 비트코인을 가지고 있으면, 그 비트코인의 가치가 오를 때 미실현 이익이 생길 수 있다. 미실현 이익은 아직 실제로 돈으로 바꾸지 않은 이익이다. 미국의 새로운 세법에 따르면, 미실현 이익에 대해서도 세금을 부과할 수 있다. 이렇게 되면, 마이크로스트래티지 같은 회사는 비트코인을 보유한 것만으로도 세금을 내야 해서 부담이 될 수 있다.

비트코인 보유의 장점

1) 높은 수익률

마이크로스트래티지는 비트코인을 보유함으로써 높은 수익률을 기록하고 있다. 비트코인의 가격이 상승함에 따라 회사의 자산 가치도 크게 증가한 것이다. 비트코인은 변동성이 크지만, 장기적으로 보면 가격이 상승하는 경향이 있다. 이러한 상승 추세는 마이크로스트래티지에게 큰 이익을 안겨줄 수 있다. 비트코인은 디지털 자산이라 유동성이 높아 필요할 때 쉽게 현금화할 수 있는 장점도 있다. 이는 회사의 자산 가치를 더욱 안정적으로 유지하는 데 도움이 된다.

예를 들어 비트코인의 가격이 100만 원에서 200만 원으로 상승하면, 마이크로스트래티지가 보유한 비트코인의 전체 가치도 두 배로 증가하게 된다. 이는 회사의 재무제표에 긍정적인 영향을 미치며, 주주와 투자자들에게 좋은 인상을 줄 수 있다. 또한 비트코인은 글로벌 금융 시장에서 자산으로 인식되기 때문에, 비트코인의 가격 상승은 전 세계적으로 회사의 가치를 높이는 데 기여할 수 있다.

2) 투자자 신뢰

비트코인을 보유함으로써 마이크로스트래티지는 혁신적이고 미래 지향적인 이미지를 구축할 수 있다. 이는 투자자들에게 긍정적인 신호를 주어 회사의 주가 상승에도 기여할 수 있다. 비트코인은 블록체인 기술을 기반으로 한 디지털자산으로, 투명성과 보안성이 뛰어나다. 이를 통해 마이크로스트래티지는 투자자들에게 신뢰를 쌓을 수 있으며, 이는 장기적으로 회사의 가치를 높이는 데 큰 도움이 된다.

예를 들어 비트코인의 투명성은 거래 내역이 블록체인에 기록되어 누구나 확인할 수 있다는 점에서 높은 신뢰성을 제공한다. 투자자들은 이러한 특성을 통해 마이크로스트래티지가 투명하게 운영된다는 인식을 가지게 된다. 또한 비트코인의 보안성은 해킹이나 위조의 위험을 줄여주기 때문에, 회사의 자산을 안전하게 보호할 수 있다. 이러한 요소들은 투자자들에게 긍정적인 영향을 미치며, 장기적인 투자 유치를 돕는다.

3) 글로벌 인지도

비트코인 보유로 인해 마이크로스트래티지는 글로벌 시장에서 주목받았으며, 이는 회사의 브랜드 가치 상승에도 기여했다.

예를 들어 마이크로스트래티지는 비트코인을 보유한 기업으로서 디지털 혁신에 앞장서고 있다는 이미지를 가지게 됐다. 이는 국제적인 투자자들에게 긍정적인 인상을 줄 수 있으며, 회사의 글로벌 트렌드에 대한 민감성을 보여준다.

혁신인가, 변덕인가: 테슬라의 비트코인 실험

테슬라는 세계적인 전기차 및 청정 에너지 기업으로, CEO 일론 머스크의 혁신적인 행보로 항상 주목받는 곳이다. 테슬라는 2021년 초, 약 15억 달러(약 2조 원) 상당의 비트코인을 구매했다고 발표하며 암호화폐 시장뿐만 아니라 전 세계 금융 시장에 큰 파장을 일으켰다. 이후 일부를 매각하는 등 입장의 변화가 있었지만, 테슬라의 사례는 기업의 비트코인 보유가 갖는 가능성과 명확한 한계를 동시에 보여준다.

비트코인 보유 목적

1) 자산 다각화 및 수익 극대화

테슬라는 기업이 보유한 막대한 현금 자산을 단순히 은행에 두는 것보다 더 나은 수익을 낼 수 있는 투자처를 찾고 있었다. 비트코인을 매입함으로써 현금 외 자산에 투자하여 전반적인 자산 포트폴리오의 위험을 분산하고, 동시에 비트코인의 가격 상승을 통해 높은 수익을 얻으려 했다. 이는 기업의 재무 운영을 보다 유연하고 적극적으로 하려는 시도였다.

2) 미래 결제 수단으로서의 가능성 탐색

테슬라는 비트코인을 단순히 투자 자산으로만 보지 않았다. 자사의 전기차를 구매할 때 비트코인으로 결제할 수 있도록 하겠다는 계획을 발표했는데, 이는 비트코인이 실제 상품을 구매하는 화폐처럼 사용될 수 있는지 시험해 보려는 것이었다. 만약 성공한다면 신용카드 회사 등에 지불하는 높은 수수료를 절약하고, 전 세계 고객들에게 새로운 결제 방식을 제공할 수 있었다.

3) 혁신적 기업 이미지 강화

테슬라와 테슬라의 CEO 일론 머스크는 항상 기술 혁신의 선두에 있다는 이미지를 중요하게 생각한다. 비트코인이라는 새로운 디지털자산을 기업의 자산 목록에 포함하고 결제 수단으로 채택하려는 시도는, 테슬라가 얼마나 미래 지향적이고 진보적인 기업인지를 전 세계에 보여주는 강력한 마케팅 수단이었다.

비트코인 보유로 인한 문제점

1) 환경 문제 논란

테슬라가 직면한 가장 큰 문제점은 바로 환경 문제였다. 비트코인은 '채굴'이라는 과정을 통해 새로 생성되는데, 이 과정에서 수많은 고성능 컴퓨터가 엄청난 양의 전기를 소모한다. '지속 가능한 에너지로의 전환'을 목표로 하는 친환경 기업 테슬라가 환경 파괴의 주범 중 하나로 지목되는 비트코인을 지지한다는 것은 큰 모순이었고, 이는 심각한 비판으로 이어졌다. 결국 테슬라는 이 문제 때문에 비트코인 결제 지원 계획을 철회해야만 했다.

2) CEO 리스크와 시장 변동성

CEO인 일론 머스크의 말 한마디에 비트코인의 가격이 크게 출렁이는 현상이 발생했다. 그의 트윗 하나로 비트코인의 가격이 급등하기도 하고 급락하기도 하면서, 회사의 자산 가치가 CEO 개인의 영향력에 너무 크게 좌우된다는 비판을 받았다. 이는 기업의 재무 안정성을 해치는 위험한 요소로 작용했다.

3) 재무제표상 손실 기록

비트코인의 가격이 하락하는 시기에, 테슬라는 보유한 비트코인의 가치 하락분을 회사의 분기별 실적에 손실로 기록해야 했다. 이는 회사의 전체적인 이익을 감소시키는 것처럼 보여 투자자들에게 불안감을 주었고, 주가에도 부정적인 영향을 미쳤다.

비트코인 보유의 장점

1) 막대한 마케팅 및 홍보 효과

테슬라가 비트코인을 구매했다는 소식은 전 세계 모든 주요 언론의 헤드라인을 장식했다. 이는 수백억 원의 광고비를 쓴 것과 맞먹는 홍보 효과를 가져왔으며, '역시 테슬라'라는 인식을 다시 한번 심어주었다.

2) 초기 투자 수익 실현

테슬라는 비트코인 가격이 크게 올랐을 때 보유량의 일부인 약 75%를 매각하여 상당한 차익을 실현했다. 이를 통해 회사의 현금 보유량을 늘리고 재무 건전성을 확보하는 데 성공했다. 이는 비트코인 투자가 실제적인 이익으로 이어질 수 있음을 보여준 사례다.

3) 브랜드 이미지 강화

비록 논란은 있었지만, 비트코인 보유 시도는 테슬라가 단순히 자동차를 만드는 회사가 아니라, 금융과 기술의 미래에 대해 끊임없이 고민하고 도전하는 혁신 기업이라는 브랜드 이미지를 더욱 공고히 하는 데 기여했다.

4-4
비트코인은 인터넷의 화폐다: 블록의 생태계 전략

블록(구 스퀘어)은 트위터의 공동 창업자인 잭 도시(Jack Dorsey)가 이끄는 미국의 핀테크 기업이다. 블록의 비트코인 보유 전략은 다른 기업들과는 근본적으로 다르다. 단순한 투자를 넘어, 비트코인을 자사 비즈니스 생태계의 핵심적인 부분으로 통합하여 함께 성장하려는 뚜렷한 목적을 가졌다.

비트코인 보유 목적

1) 미래 금융 시스템 구축

블록의 CEO 잭 도시는 비트코인이 특정 국가나 은행의 통제를 받지 않는, 전 세계 누구나 자유롭게 사용할 수 있는 '인터넷의 기본 화폐'가 될 것이라고 믿는다. 그는 이러한 비트코인을 중심으로 하는 개방적이고 탈중앙화된 금융 시스템을 구축하는 것을 장기적인 목표로 삼았으며, 비트코인 보유는 그 비전을 실현하기 위한 첫걸음이다.

2) 핵심 사업(캐시앱) 강화

블록의 대표적인 서비스는 간편 송금 및 결제 앱인 캐시앱(Cash App)이다. 블록은 캐시앱을 통해 사용자들이 주식을 사듯 아주 쉽게 비트코인을 구매하고 보관할 수 있는 기능을 제공했다. 이는 캐시앱을 다른 경쟁 앱들과 차별화하는 강력한 무기가 되었고, 더 많은 사용자를 유치하고 앱에 계속 머무르게 하는 중요한 역할을 했다.

3) 평등한 경제적 권한 부여

블록은 비트코인이 은행 계좌를 갖기 어려운 금융 소외 계층에게도 동등한 금융 서비스 접근 기회를 줄 수 있다고 본다. 누구나 인터넷만 있으면 비트코인을 통해 전 세계 누구와도 돈을 주고받을 수 있기 때문이다. 이는 모든 사람에게 동등한 경제적 기회를 주려는 블록의 기업 철학과도 일치한다.

비트코인 보유로 인한 문제점

1) 수익의 높은 변동성

블록의 비트코인 관련 사업 수익은 비트코인의 가격과 시장의 관심도에 따라 크게 변동한다. 비트코인 시장이 활발할 때는 큰 수익을 내지만, 시장이 침체기(크립토 겨울)에 접어들면 관련 수익이 급격히 줄어든다. 이는 회사 전체의 실적 예측을 어렵게 만들고 주가에 불안정성을 더하는 요인이 된다.

2) 강화되는 규제 리스크

블록은 금융 서비스를 제공하는 회사이기 때문에 정부의 규제에 매우 민감하다. 만약 정부가 개인의 비트코인 거래나 기업의 관련 서비스 제공에 대해 강력한 규제를 도입한다면, 캐시앱의 핵심적인 사업 모델이 직접적인 타격을 입을 수 있다. 이는 블록이 항상 안고 가야 하는 가장 큰 리스크 중 하나다.

3) 기술적 의존성

블록의 비트코인 전략은 비트코인 네트워크 자체가 앞으로도 안전하고 계속 발전할 것이라는 믿음에 기반한다. 만약 비트코인 기술에 심각한 보안 결함이 발견되거나 기술적 한계에 부딪힌다면, 비트코인을 사업의 중심으로 삼은 블록의 전략 전체가 흔들릴 수 있다.

비트코인 보유의 장점

1) 강력한 사업 시너지 효과

블록의 가장 큰 장점은 비트코인 보유가 회사의 핵심 사업과 직접적으로 연결되어 서로를 성장시킨다는 점이다. 캐시앱을 통해 비트코인 사용자가 늘어날수록 블록의 수익은 증가하고, 이는 다시 비트코인 생태계에 투자할 여력으로 이어진다. 이러한 선순환 구조는 다른 기업들이 갖기 어려운 강력한 경쟁력이다.

2) 미래 금융 선도 기업 이미지

블록은 단순히 비트코인을 사서 보유하는 것을 넘어 비트코인 기술 개발, 채굴, 탈중앙화 서비스 등 생태계 전반에 직접 투자하고 있다. 이는 블록이 단순한 유행을 좇는 기업이 아니라, 미래 금융의 청사진을 직접 그려나가는 선도자라는 이미지를 투자자들에게 각인시키는 효과가 있다.

3) 신규 고객 대거 유치

캐시앱의 비트코인 거래 기능은 특히 젊은 세대의 폭발적인 반응을 이끌어 냈다. 비트코인에 대한 호기심으로 캐시앱을 처음 사용하기 시작한 많은 사용자들이 자연스럽게 송금, 주식 투자 등 다른 기능까지 사용하게 되면서, 앱 전체의 성장을 이끄는 중요한 계기가 되었다.

스테이블코인의 대표 주자: 테더

테더는 세계에서 가장 규모가 크고 널리 사용되는 스테이블코인인 USDT를 발행하고 운영하는 회사다. 스테이블코인이란 비트코인처럼 가격이 심하게 변동하지 않고, 미국 달러와 같은 특정 법정 화폐의 가치에 1:1로 고정(연동)되도록 설계한 디지털자산을 말한다. 즉, 1USDT는 항상 1 미국 달러의 가치를 갖도록 약속하고 만들어진 것이다. 테더는 암호화폐 시장의 복잡한 거래 속에서 안정적인 가치의 기준점 역할을 하며, 오늘날 디지털 금융에서 없어서는 안 될 존재가 되었다.

스테이블코인 운용 목적

1) 암호화폐 시장의 기축 통화 역할

암호화폐 시장에서 비트코인이나 이더리움 같은 자산들은 가격이 초 단위로 급격하게 변동한다. 가격 하락이 예상될 때 투자자들은 자산을 팔고 싶지만, 그것을 실제 달러로 바꾸는 데는 시간과 수수료가 많이 든다. 이때 USDT가 매우 유용하다. 비트코인을 팔아 USDT로 바꿔두면, 달러와 같은 안정적인 가치를 유지하면서 시장 상황을 지켜보다가 다시 원하는 암호화폐를 즉시 구매할 수 있다. 이처럼 USDT는 암호화폐 거래소에서 달러 대신 사용되는 '사실상의 달러'이자 기축 통화의 역할을 한다.

2) 신속하고 저렴한 글로벌 송금 수단 제공

국가 간에 돈을 보내는 것은 전통적인 은행 시스템(SWIFT망)을 통하면 며칠씩 걸리고 비싼 수수료를 내야 한다. 하지만 USDT는 인터넷만 있으면 전 세계 어디로든 단 몇 분 안에, 매우 저렴한 수수료로 보낼 수 있다. 이는 특히 자국 화폐 가치가 불안정하거나 국외 송금이 어려운 국가의 개인 및 기업에게 매우 유용한 금융 수단이 된다.

3) 준비금 운용을 통한 수익 창출

이것이 테더 회사의 핵심 비즈니스 모델이다. 사용자들이 100달러를 내고 100USDT를 사 가면, 테더는 그 100달러를 받아서 금고에 가만히 두지 않는다. 그 돈으로 미국 국채같이 매우 안전한 자산에 투자한다. 예를 들어 테더가 1,000억 달러(약 130조 원)의 준비금을 가지고 있고, 이를 연 5% 이자를 주는 미국 국채에 투자했다면, 회사는 아무것도 하지 않아도 1년에 50억 달러(약 6.5조 원)의 막대한 이자 수익을 얻게 된다. 바로 이 수익이 테더 회사를 운영하는 원동력이다.

스테이블코인 운용으로 인한 문제점

1) 준비금의 투명성 및 신뢰도 문제

테더가 오랫동안 비판받아 온 가장 큰 문제다. 테더는 "우리가 발행한 모든 USDT만큼의 달러 가치 자산을 실제로 보유하고 있다"고 주장하지만, 과거에는 이 주장을 뒷받침할 명확한 외부 회계 감사를 제대로 공개하지 않아 많은 의심을 샀다. "만약 사용자들이 한꺼번에 달러로 바꿔달라고 할 때, 정말 그 돈을 다 가지고 있을까?"라는 신뢰의 문제가 항상 따라다닌다. 현재는 정기적으로 자산 보유 내역을 공개하지만, 여전히 완전한 투명성이 확보되지 않았다는 비판이 존재한다.

2) 디페깅 리스크

디페깅(De-pegging)이란, 1USDT의 가치가 어떠한 이유로 1달러 아래로 떨어지는 현상을 말한다. 만약 테더의 준비금에 문제가 생겼다는 소문이 돌거나 시장에 큰 충격이 발생하여 수많은 사람들이 동시에 USDT를 달러로 바꾸려고 몰려들면, 테더가 이를 감당하지 못하고 가치가 무너질 수 있다. USDT는 암호화폐 시장의 기반과 같기 때문에, 만약 디페깅이 발생하면 시장 전체가 엄청난 혼란에 빠지고 연쇄적인 붕괴로 이어질 수 있는 시스템적 위험을 안고 있다.

3) 정부 및 규제 당국의 압박

USDT의 규모가 너무 커지자, 미국을 비롯한 각국 정부와 금융 당국은 테더를 잠재적인 금융 시스템의 위험 요소로 본다. 사실상 은행과 비슷한 역할을 하면서도 은행과 같은 수준의 엄격한 규제를 받지 않기 때문이다. 앞으로 스테이블코인에 대한 강력한 규제가 도입될 경우, 테더의 사업 모델이나 운영 방식에 큰 제약이 생길 수 있다.

스테이블코인 운용의 장점

1) 암호화폐 시장에 막대한 유동성 공급

USDT는 암호화폐 시장의 윤활유 같은 역할을 한다. USDT가 없다면, 투자자들은 서로 다른 암호화폐를 거래할 때마다 복잡하고 비싼 과정을 거쳐야 할 것이다. USDT가 중간 다리 역할을 해주기 때문에 거래가 매우 빠르고 효율적으로 이루어질 수 있다. 즉, 시장에 막대한 유동성을 공급하여 시장 전체가 원활하게 돌아가도록 만드는 점이 가장 큰 장점이다.

2) 안정적인 가치 저장 수단 제공

아르헨티나, 터키, 베네수엘라 등 자국 화폐의 가치가 인플레이션으로 인해 급격히 떨어지는 국가의 사람들에게 USDT는 매우 중요한 가치 저장 수단이 된다. 월급을 받자마자 가치가 떨어지는 자국 화폐 대신, 달러 가치에 고정된 USDT로 바꿔두면 자신의 자산을 인플레이션으로부터 보호할 수 있다. 이는 암호화폐 거래 목적을 넘어선 실질적인 금융 솔루션으로서의 장점이다.

3) 안정적이고 막대한 수익 모델

앞서 설명한 준비금 운용을 통한 이자 수익은 매우 안정적이면 서도 규모가 엄청나다. 비트코인처럼 가격 변동성에 따라 수익이 오락가락하는 것이 아니라, 보유한 준비금의 규모에 비례하여 꾸 준한 현금 흐름을 창출한다. 이 강력한 수익 모델은 테더가 계속 해서 기술 개발과 보안에 투자하고 사업을 확장할 수 있는 튼튼한 기반이 된다.

국내 최대 비트코인 보유 기업: 두나무

두나무는 국내 최대 암호화폐 거래소인 업비트를 운영하는 회사로, 비트코인을 대규모로 보유하고 있다. 2021년 기준으로 두나무는 약 299억 원 상당의 비트코인을 보유했으며, 이는 국내 기업 중 최대 규모다. 두나무는 비트코인 외에도 이더리움, 테더 등 다양한 암호화폐를 보유하고 있다.

두나무의 가상자산 내역

2024년 3/4분기 기준으로 연결감사보고서에 따르면, 두나무가 보유하고 있는 가상자산 내역은 구체적으로 다음과 같다.

두나무의 가상자산 보유 내역

비트코인(BTC): 1조 4,051억 원 상당

이더리움(ETH): 328억 원 상당

테더(USDT): 123억 원 상당

기타 암호화폐: 379억 원 상당

1) 두나무는 가상자산들을 어떻게 취득했을까?

두나무는 거래소에서 가상자산이 거래될 때 거래된 가상자산의 일부를 수수료로 받는다. 이러한 수수료가 모여서 현재 두나무가 보유한 가상자산이 형성된 것이다.

예를 들어 두나무가 업비트 거래소에서 비트코인 거래를 처리할 때, 거래 수수료로 거래된 비트코인의 일부를 받는다. 이러한 방식으로 비트코인뿐만 아니라 다양한 암호화폐를 보유하게 되는 것이다. 이 과정에서 수수료로 받은 가상자산은 시간이 지나면서 그 가치가 변동할 수 있으며, 이는 두나무의 재무제표에 중요한 영향을 미칠 수 있다.

두나무가 보유한 가상자산이 모두 거래 수수료로 받은 것만은 아니다. 두나무는 암호화폐 시장에서의 경쟁력을 높이기 위해 적극적으로 다양한 암호화폐를 매입하고 있다. 이를 통해 두나무는 가상자산 포트폴리오를 다각화하며, 암호화폐 시장에서의 리스크를 분산시키려는 전략을 취한다.

또한 두나무는 암호화폐의 가치가 장기적으로 상승할 것이라는 기대를 가졌다. 이러한 기대가 두나무가 지속적으로 가상자산을 보유하는 이유 중 하나이다. 이는 장기적인 투자 전략의 일환으로, 두나무의 자산 가치를 지속적으로 증가시키는 데 기여할 수 있다.

이와 같은 두나무의 가상자산 보유 전략은 회사의 재무 상태에 긍정적인 영향을 미치며, 주주와 투자자들에게도 신뢰를 줄 수 있다. 더불어 암호화폐 시장에서의 경쟁력을 강화하고, 글로벌 시장에서의 입지를 더욱 확고히 다지는 데 도움이 된다.

따라서 두나무는 가상자산을 수수료로 받는 것 외에도, 적극적인 매입을 통해 포트폴리오를 다각화하고 있으며, 이는 회사의 장기적인 성장과 안정성에 큰 기여를 하고 있다.

2) 고객의 가상자산도 두나무의 자산 내역에 포함되는가?

이제 두나무가 보유한 가상자산과 관련된 또 다른 질문이 생길 수 있다. 바로 고객이 거래를 하기 위해 맡긴 가상자산도 두나무의 자산 내역에 포함된 것인지에 대한 질문이다. 여기서 정답은 "포함되지 않았다"이다.

그렇다면 고객이 거래를 위해 맡긴 자산은 왜 자산으로 표시되지 않을까? 그 이유는 간단하다. 그러한 자산들의 소유권을 두나무가 가지지 않았기 때문이다. 소유권은 해당 자산을 실제로 소유하는 주체를 의미하며, 두나무는 고객이 맡긴 자산에 대한 소유권이 없다. 따라서 이러한 자산은 두나무의 재무제표에 포함되지 않는 것이다.

소유권이 누구에게 있는지를 판단하는 기준은 해당 감사보고서에서도 찾아볼 수 있다. 감사보고서에는 소유권을 판단하는 여러 가지 기준과 방법이 명시된다. 예를 들어 고객이 업비트에 자산을 맡길 때, 그 자산의 소유권은 여전히 고객에게 있으며, 두나무는 단순히 그 자산을 보관하고 거래를 중개하는 역할을 한다. 업비트는 고객 대신 보유하는 자산에 대해서도 참고적으로 설명하고 있다.

따라서 두나무는 수수료로 보유하고 있는 자산에 비해서 더 많은 자산을 보유하지만, 고객이 맡긴 자산은 두나무의 소유가 아니므로 두나무의 재무제표에는 포함되지 않는다.

예를 들어 고객 A가 비트코인 10개를 업비트에 맡겼다면, 그 비트코인의 소유권은 여전히 고객 A에게 있다. 두나무는 그 비트코인을 안전하게 보관하고, 고객 A가 원할 때 언제든지 거래할 수 있도록 중개한다. 이러한 자산은 두나무의 자산 내역에 포함되지 않으며, 감사보고서에도 별도로 기록된다.

이러한 이유로 고객이 거래를 위해 맡긴 자산은 두나무의 재무제표에 포함되지 않으며, 두나무는 소유권이 없는 자산에 대해 재무제표에 기록할 의무가 없다. 이는 고객의 자산과 두나무의 자산을 명확하게 구분하여 투명하고 공정한 회계 처리를 하기 위함이다.

고객의 거래 자산은 감사보고서에 명시된 소유권 기준에 따라 별도로 관리된다. 이는 두나무가 고객의 자산을 안전하게 보관하고, 고객에게 신뢰를 제공하는 중요한 요소 중 하나이다.

두나무 2024년 3분기 연결 감사보고서 주석

당분기

구분	기초		취득	
	수량	금액	수량	금액
BTC	16,050	913,279,735	790	64,582,777
ETH	8,246	25,371,984	2,324	10,102,859
USDT	8,789,026	11,688,186	598,071	819,837
기타	-	35,618,991	-	9,759,836
합계	-	985,958,806	-	85,265,309

전분기

구분	기초		취득	
	수량	금액	수량	금액
BTC	12,028	258,189,879	3,413	112,452,181
ETH	6,094	9,343,507	3,132	6,861,073
USDT	8,411,601	10,554,341	281,866	368,610
기타	-	18,007,034	-	4,299,737
합계	-	296,094,761	-	123,981,601

처분(*)				분기말	
수량	처분 금액	장부 금액	처분 손익	수량	금액
92	7,833,792	7,914,498	-80,706	16,748	1,405,168,010
1,001	4,567,065	3,729,862	837,203	9,569	32,879,700
40	58	54	4	9,387,057	12,334,593
-	931,315	923,489	7,826	-	37,942,216
-	13,332,230	12,567,903	764,327	-	1,488,324,519

처분(*)				분기말	
수량	처분 금액	장부 금액	처분 손익	수량	금액
60	2,241,739	2,079,838	161,901	15,561	569,860,626
1,067	2,479,753	2,325,876	153,877	8,159	18,636,248
-	-	-	-	8,693,467	11,920,497
-	340,899	785,416	(444,517)	-	23,676,776
-	5,062,391	5,191,130	(128,739)	-	624,094,147

(*) 처분에는 가상자산 출금 시 지급되는 네트워크 수수료 등이 포함되어 있으나, 영업 과정에서 판매 목적으로 사용되는 처분 내역은 없다.

당분기말 및 전기말 현재 지배기업이 운영하는 가상자산거래소의 회원이 위탁하여 지배기업이 보관하고 있는 가상자산은 다음과 같다.

두나무 2024년 3분기 연결 감사보고서 주석

(단위: 천 원, 개)

구분	당분기말		전기말	
	수량	금액	수량	금액
BTC	176,650	14,821,299,145	139,887	7,959,738,571
XRP	6,538,806,538	5,365,099,944	6,061,402,062	5,049,147,917
ETH	1,414,406	4,689,987,687	1,081,488	3,327,554,350
SOL	8,142,652	1,673,722,189	6,302,077	867,480,854
DOGE	7,731,471,272	1,213,067,943	8,891,370,127	1,075,655,785
ETC	37,820,671	882,998,242	34,328,606	1,021,619,226
SHIB	38,823,120,515,467	930,978,430	7,375,597,086,340	104,733,479
ADA	1,297,130,988	649,992,049	1,081,881,311	870,914,455
기타	-	12,576,447,465	-	13,278,136,562
합계	-	43,073,524,288	-	33,555,181,189

회원이 위탁한 가상자산은 해당 가상자산에 대한 통제권이 지배기업에 없다고 보아, 이를 지배기업의 자산으로 계상하지 않았다.

가상자산 관리의 주요 지표

'가상자산 회계처리 감독지침'을 준수하기 위해서는 통제권 판단 시 종합적으로 고려해야 할 지표들이 있다. 이를 통해 가상자산이 누구의 소유이며, 어떻게 관리되는지를 명확하게 판단할 수 있다. 주요 지표는 다음과 같다.

1) 지배기업과 위탁 회원 간 사적 계약

지배기업과 위탁 회원 간의 사적 계약은 소유권을 명확히 하기 위한 중요한 요소다. 예를 들어 큰 회사(A)가 작은 회사(B)와 일을 함께하기로 했다고 가정하자. 이 경우 큰 회사와 작은 회사는 '계약서'라는 문서를 작성하여, 누가 무엇을 하고, 어떤 규칙을 지켜야 하는지 명시한다. 비트코인을 맡긴 사람과 비트코인을 받아서 거래를 하는 당사자 간에도 마찬가지다. 거래소는 회원 가입을 하고, 고객의 명의로 된 비트코인 지갑에 자산을 입금할 때 해당 계약 조건들을 설명하고 동의받는 절차를 진행한다. 이러한 계약을 통해 누가 비트코인을 맡겼고, 누가 이를 관리하는지 명확히 할 수 있다.

2) 지배기업을 감독하는 법률 및 규정

지배기업이 약속을 잘 지키고 있는지, 법을 잘 따르고 있는지 확인하기 위해 여러 가지 규칙과 법률이 존재한다. 예를 들어 큰 회사가 돈을 투명하게 사용하는지, 안전하게 일을 하는지를 검사하는 사람들(감독 기관)이 있다. 이 감독 기관들은 법에 따라 큰 회사를 감시하며, 회사가 법률 규정을 준수하고 있는지를 확인한다. 따라서 두나무가 업비트를 운영함에 있어서도 적용되는 법률 규정에 따라 잘 운영되는지를 확인하는 것이 중요하다. 이러한 규정은 고객이 맡긴 자산에 대한 관리 수준을 평가하는 기준이 된다.

3) 지배기업의 고객 위탁 가상자산에 대한 관리, 보관 수준

가상자산 거래소는 사람들이 맡긴 소중한 자산을 보관하고 관리하는 역할을 한다. 큰 회사는 고객이 맡긴 돈이나 가상자산을 안전하게 지키기 위해 보안을 철저히 하고, 자산이 안전하게 보관되는지 정기적으로 확인한다. 보안 시스템이 잘 작동하는지, 혹시 문제가 없는지를 계속 점검한다. 이러한 기준을 통해 통제권이 고객에게 있는지 판단할 수 있다.

위의 기준을 종합적으로 고려하여, 통제권이 고객에게 있으면 그 자산은 회사의 장부에 포함되지 않는다. 만약 회사가 고객으로부터 받은 비트코인의 통제력을 가지고 있다고 판단되면(회사 자체가 보유한 코인이라면), 그 자산은 장부에 포함된다. 장부에 포함된다는 것은 그 자산을 돌려줄 부채도 회사에 있다는 것을 의미한다. 이는 회사의 부채로 기록된다.

따라서 가상자산의 소유권과 관리 기준을 명확히 하여 두나무와 같은 회사가 고객의 자산을 안전하게 관리하고, 투명한 재무제표를 작성하는 것이 중요하다.

4) 가상자산 관리 예시

고객 A가 비트코인 10개를 가상자산 거래소에 맡겼다고 가정하자. 이 경우 비트코인의 소유권은 여전히 고객 A에게 있다. 큰회사는 그 비트코인을 안전하게 보관하고, 고객 A가 원할 때 언제든지 거래할 수 있도록 중개한다. 이러한 자산은 회사의 재무제표에 포함되지 않으며, 감사보고서에도 별도로 기록된다.

따라서, 고객의 거래 자산은 두나무에게 소유권이 없으며, 감사보고서에 명시된 소유권 기준에 따라 고객의 자산은 별도로 관리된다. 이는 두나무가 고객의 자산을 안전하게 보관하고, 고객에게 신뢰를 제공하는 중요한 요소 중 하나이다.

회사가 통제력이 없는 경우

자산	부채
0	0

회사가 통제력이 있는 경우

자산	부채
비트코인 1(환산 가격 1억 원)	비트코인 1(환산 가격 1억 원)

가상자산을 개발한 게임 회사: 위메이드

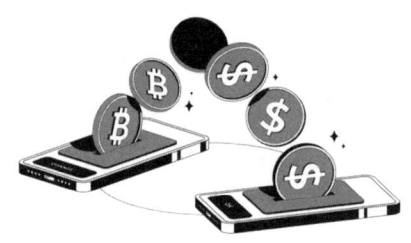

위메이드는 위믹스(WEMIX)라는 가상자산을 개발한 회사다. 위믹스는 게임 내에서 돈처럼 사용할 수 있는 디지털자산이다.

위메이드는 위믹스를 통해 게임 내 경제 시스템을 강화하고, 사용자들에게 더 풍부한 게임 경험을 제공하고자 한다. 위믹스는 블록체인 기술을 기반으로 하여 투명성과 보안성을 제공하며, 사용자들이 게임 내에서 안전하게 거래할 수 있게 한다. 발행된 위믹스는 사용자들이 게임을 즐기면서 거래할 수 있는 디지털자산으로 활용된다. 예를 들어 게임 속에서 새로운 무기를 구매하거나 캐릭터를 더 강하게 업그레이드할 때 위믹스를 사용할 수 있고, 다른 사용자들과의 거래도 가능하다. 이러한 활용 사례는 감사보고서에서 구체적으로 설명되며, 회사의 수익 구조와도 연계되어 있다.

위메이드는 발행된 위믹스 중 일부를 보유한다. 이는 회사의 자산으로 기록되며, 감사보고서에 상세히 명시된다. 회사는 위믹스를 통해 얻은 수익을 재투자하여 게임 개발 및 서비스 개선에 활용한다.

감사보고서에서 다루는 주요 내용

위메이드는 재단을 통해 위믹스를 발행하거나 보유하며, 이에 대한 내용을 감사보고서에서 설명한다. 회사의 감사보고서에는 발행된 위믹스의 총량과 발행 시기의 정보 및 보유 현황, 이를 통한 재무 상태가 상세히 기록된다.

또한 감사보고서에는 위믹스의 보안 관리 현황과 시스템 점검 결과가 포함된다.

가상자산을 만드는 데 드는 비용과 발행 과정

위메이드는 위믹스를 만들고 관리하기 위해 상당한 비용을 지출했다. 이 비용은 주로 기술 개발, 발행 과정, 마케팅 등에 사용됐다. 예를 들어 블록체인 기술을 활용하여 가상자산 시스템을 구축하고, 보안을 강화하며, 스마트 계약 기능을 개발하는 데 많은 비용이 들었다. 또한 가상자산을 발행하기 위해 필요한 법적 절차와 규제를 준수하는 데에도 상당한 비용이 발생했다.

위메이드는 이러한 모든 비용을 '자산'으로 기록하지 않고, '비용'으로 처리하였다. 따라서 이러한 비용들은 회사의 손익계산서에 즉시 반영되며, 이를 통해 회사의 재무 상태를 보다 투명하게

위메이드의 위믹스 발행 및 보유 현황

(단위: 백만 개)

구분	당분기말 누적 수량	전기말 누적 수량
최초 발행량	1,000	1,000
민팅 수량	111	91
소각 수량	(580)	(142)
총 발행량	531	949
유상 매각	(180)	(179)
무상 배포	(20)	(16)
용역 대가	(5)	(3)
마케팅 비용	(8)	(7)
기타의 비용 및 자산 취득	(59)	(53)
연결 실체 외부 분배	(32)	(22)
유보 물량	227	670

관리할 수 있다.

가상자산을 사용하는 방법과 수익 인식

위메이드는 위믹스를 통해 다양한 방법으로 수익을 창출한다.

예를 들어 사람들이 위믹스를 구매하여 게임 속 아이템을 구매하거나 거래할 때, 해당 금액을 회사의 수익으로 기록한다. 이 수익은 위믹스가 실제로 사용될 때 기록된다.

또한 위메이드는 위믹스를 다른 사람들에게 무료로 나눠주거나 마케팅 목적으로 사용할 때도 있다. 이 경우에는 별도의 수익을 기록하지 않는다. 그러나 이러한 배포는 사용자 유입과 활성화에 도움이 되며, 장기적으로 회사의 수익 증대에 기여할 수 있다. 특히 위믹스를 게임 생태계 내에서 적극적으로 활용함으로써 사용자 참여를 촉진하고, 게임 내 경제 활동을 활성화시키는 데 중요한 역할을 한다.

위메이드는 왜 가상자산을 이용했을까?

1) 안전성

위믹스는 블록체인 기술을 사용하여 매우 안전하다. 거래 내역이 블록체인에 기록되기 때문에 해킹이 어렵고, 데이터가 안전하게 보관된다. 각 거래는 암호화되어 정보의 무결성을 보장한다.

2) 투명성

블록체인 기술을 사용하여 모든 거래 내역이 투명하게 공개된다. 누가 언제 어떻게 위믹스를 사용했는지 알 수 있어 부정 거래를 예방할 수 있다. 이를 통해 사용자와 투자자에게 높은 신뢰를 제공한다.

3) 유동성

위믹스는 필요할 때 다른 사람에게 팔아 현금화할 수 있는 유동성을 제공한다. 이는 게임 아이템을 사고팔 때 매우 유용하다. 사용자는 언제든지 자산을 전환할 수 있다.

위메이드는 무엇을 주의해야 할까?

1) 가격 변동성

위믹스의 가격은 시장 상황에 따라 크게 변동할 수 있다. 따라서 사용자는 언제 위믹스를 구매하고 판매할지 신중히 고려해야 한다. 가격 변동성은 투자자에게 기회를 제공하기도 하지만, 동시에 리스크를 동반한다.

2) 법적 문제

가상자산은 아직 법적으로 명확하게 규정되지 않은 경우가 많다. 따라서 법적 문제가 발생할 가능성이 있으며, 이는 규제 변화에 따라 달라질 수 있다. 각국의 규제 상황을 주의 깊게 모니터링하고 이에 대응하는 것이 중요하다.

가상자산의 회계 처리 방법

가상자산이 실제 화폐나 유가 증권과는 다른 특성을 가지고 있어, 이를 회계적으로 어떻게 처리해야 할지에 대한 논란이 많다. 예를 들어 게임 내에서 사용되는 가상자산의 가치를 어떻게 평가할지, 그리고 이를 자산으로 볼지 비용으로 볼지에 대한 명확한 기준이 부족하다. 위메이드는 위믹스와 같은 가상자산을 만들고 관리하는 데 많은 비용을 지출했는데, 이 비용을 '자산'이 아닌 '비용'으로 처리하였다. 이는 회사의 재무제표에 직접적인 영향을 미치게 된다.

예를 들어 위믹스를 개발하고 운영하는 데 드는 비용은 회사의 손익계산서에 바로 반영된다. 이러한 회계 처리 방식은 회사의 총자산 가치를 줄이는 대신, 비용으로 처리되어 단기적인 손익에 영향을 미친다. 이로 인해 재무제표를 분석하는 투자자나 회계 담당자들에게는 혼란을 줄 수 있다.

1) 수익 인식 시점

위메이드가 가상자산을 통해 얻는 수익을 언제, 어떻게 인식할지에 대한 이슈도 있다. 예를 들어 사용자가 위믹스를 구매하여 게임 내 아이템을 샀을 때, 그 수익을 바로 인식할 것인지, 아니면 사용자가 실제로 그 아이템을 사용할 때 수익으로 인식할 것인지에 대한 문제가 있다. 이러한 수익 인식 시점의 차이는 회사의 재무제표에 큰 영향을 미칠 수 있다.

수익 인식 시점의 차이는 회사의 재무 상태를 평가하는 데 중요한 요소다. 예를 들어 사용자가 위믹스를 구매하고 게임 내 아이템을 즉시 사용하지 않더라도, 회사는 이를 수익으로 인식할 수 있다. 그러나 사용자가 아이템을 사용할 때까지 수익을 인식하지 않는다면, 이는 장부상에서 회사의 수익이 지연되게 된다. 이러한 차이는 투자자나 금융 기관에게는 중요한 정보로 작용할 수 있다.

2) 세금 문제

가상자산 거래가 실제 화폐 거래와 다른 방식으로 이루어지기 때문에, 세금을 어떻게 계산하고 신고할지에 대한 문제도 존재한다. 예를 들어 위믹스를 판매하여 얻은 수익에 대한 세금을 어떤 기준으로 계산할지, 이를 어떻게 신고할지에 대한 명확한 규정이 부족하다. 이러한 세금 문제로 인해 위메이드는 여러 번 세무 조사를 받아야 했다.

세금 문제는 회사의 재무 상황에 큰 영향을 미칠 수 있다. 예를 들어 가상자산 판매 수익에 대한 세금을 신고하지 않거나 잘못 계산할 경우, 회사는 세금 문제로 인해 큰 불이익을 받을 수 있다. 또한 가상자산의 가격 변동성에 따라 세금 계산이 복잡해질 수 있으며, 이는 회사의 세무 부서에 큰 부담이 될 수 있다.

위메이드는 이러한 회계적인 이슈들을 해결하기 위해 전문가들과 협력하고 있으며, 가상자산 회계 처리에 대한 명확한 기준을 마련하기 위해 노력하고 있다.

4-8

기타 상장사
보유 사례

우리나라 상장 회사들이 가상자산을 가지고 있거나 관련 사업에 뛰어드는 이유는 여러 가지다. 이는 회사가 원래 하던 일이나 경영 환경에 따라 다르다.

가상자산 투자의 다양한 목적

1) 돈을 불리고 가치를 지키는 수단

가상자산은 물가가 오를 때 돈의 가치가 떨어지는 것을 막아주고, 회사 재산이 위험에 빠지는 것을 줄여주는 효과가 있다. 전 세계적으로는 이미 많은 회사들이 가상자산을 자기 재산에 넣어 돈을 가장 잘 굴리는 방법을 찾고 있다.

2) 새로운 사업 만들기

블록체인과 가상자산을 이용한 NFT, STO(증권형 토큰) 같은 새로운 기술 사업이 늘어나고 있어서, 회사들이 가상자산을 사고파는 것은 새로운 사업 기회를 만드는 데 아주 중요하다. 돈과 관련 없는 회사들은 NFT나 게임 같은 블록체인 기반의 웹 3.0 사업을 구체적으로 만들고 있는 단계다.

3) 회사 운영을 더 잘하고 돈을 아끼는 방법

디지털자산을 잘 활용하면 월급 주기, 물건값 내기, 외국과 거래하기, 손님과 소통하기, 회사들끼리 돈 주고받기 등 회사 운영을 전반적으로 더 효율적으로 할 수 있다. 이를 통해 돈을 주고받는 과정을 간단하게 하고, 거래 속도를 빠르게 하며, 은행 수수료를 아끼는 등 돈을 절약하는 효과를 기대할 수 있다. 스테이블코인을 이용한 결제 서비스, 재산을 코인으로 바꾸는 것, 중앙 기관 없이 돈을 주고받는 금융 등 관련 서비스가 늘어나고 있고, 비자, 페이팔 같은 세계적인 결제 회사들도 가상자산으로 결제하는 서비스를 제공하고 있다.

4) 특정 블록체인 프로젝트에 참여하고 생태계에 기여

우리나라 상장 회사들은 사업을 위해 특정 가상자산의 운영에 참여하거나, 기술을 함께 개발하고 IT 시스템을 운영하는 등 사업적으로 더 큰 효과를 내기 위해 가상자산을 구매하거나 보유하는 경우가 많다.

국내 상장사 투자 사례 분석

우리나라 상장 회사들이 가상자산을 가지고 있거나 관련 사업에 뛰어든 경우를 보면, 그 목적을 크게 네 가지로 나눌 수 있다. 첫째는 비트맥스처럼 가상자산 투자를 가장 중요한 사업으로 바꿔 회사 가치를 높이려는 경우다. 둘째는 브릿지바이오테라퓨틱스처럼 돈 문제로 어려움을 겪을 때, 가상자산 유행을 이용해 돈을 끌어모으려는 경우다. 셋째는 네이버, 롯데이노베이트, LG전자처럼 원래 하던 사업과 시너지를 내거나 블록체인 기술 시스템을 만드는 과정에서 가상자산을 활용하는 경우다. 마지막으로 셀트리온처럼 예전에 어떤 프로젝트에 참여했다가 우연히 가상자산을 가지게 된 경우도 있다. 이런 여러 접근 방식은 각 회사의 전략이 얼마나 성숙했는지, 그리고 위험을 얼마나 감수하는지 보여준다.

1) 비트맥스(구 맥스트)

2010년에 만들어진 가상현실(XR) 기술 회사였지만, 주인이 바뀐 뒤 회사 이름을 '비트맥스'로 바꾸고 '가상자산 투자', '코인 만들기', '블록체인으로 재산 사고파는 일' 등을 새로운 사업으로 추가했다. 그러면서 비트코인에 집중해서 돈을 굴리는 회사로 완전히 바뀌었다. 2025년 1분기에만 약 132억 원을 써서 비트코인

88개와 이더리움 500개를 샀고, 총 182.3365개의 비트코인을 모으는 데 약 261억 4,000만 원을 투자했다. 이렇게 큰돈을 투자한 것은 전환 사채(나중에 주식으로 바꿀 수 있는 채권)를 발행해서 돈을 마련한 것으로 알려져 있다. 비트맥스는 가상자산을 회사의 가장 중요한 재산으로 삼아 회사 가치를 높이는 것을 목표로 '한국의 마이크로스트래티지'가 되겠다고 말한다.

2) 브릿지바이오테라퓨틱스

2019년에 신약 개발 기술로 상장한 회사였지만, 신약 개발에 실패하고 계속 손해를 봐서 상장 폐지될 위기에 처했다. 이런 어려운 상황에서 미국 가상자산 투자 회사로부터 큰돈(200억 원 유상증자, 50억 원 전환 사채 발행)을 받으면서 가상자산 유행에 뛰어들었다. 이 때문에 회사의 가장 큰 주인이 바뀔 예정이고, 가상자산 관련 주식으로 알려진 뒤 주가가 짧은 시간에 크게 올랐다. 이것은 회사의 진짜 사업 능력을 키우기보다는 시장의 유행을 이용해 돈을 모으고 상장을 유지하는 데 집중하는 경우로 볼 수 있다.

3) 셀트리온

바이오 회사인 셀트리온은 비트코인 18개(약 22억 원 정도)를 가지고 있는 것으로 알려졌다. 이것은 투자하려고 산 것이 아니라, 카카오 계열사의 블록체인 프로젝트에 참여했다가 받은 코인을 바꿔서 가지게 된 것으로 보인다. 다시 말해, 직접 가상자산에 투자하려던 것이 아니라, 원래 하던 사업을 하다가 우연히 가상자산을 가지게 된 경우다.

4) LG전자

우리나라 주요 상장 회사 중 하나인 LG전자가 가상자산을 가지고 있는 것으로 나타났다. LG CNS는 중앙 지갑 시스템 개발과 블록체인 지갑 연구 개발 등 블록체인 기술과 서비스에 투자하고 개발하고 있다. 이것은 직접 투자하려는 목적보다는 블록체인 기술 시스템을 만드는 것과 관련이 있고, 디지털자산을 안전하게 보관하고 관리하는 시스템 개발에 집중한 것으로 분석된다.

5) 롯데이노베이트

가치가 안정적인 테더(USDT) 12만 7,000개를 포함해 카이아, 폴리곤, 이더리움 등 여러 가상자산을 가지고 있다. 롯데이노베이트는 대부분 사업을 위해 가상자산을 보유했고, 마이데이터 사업과 관련된 고객 정보 통합 관리 시스템을 만드는 등 원래 하던 IT 사업의 일부로 가상자산을 활용할 계획이다.

6) 네이버

위믹스 87만 개를 가지고 있다고 공식적으로 알렸다. 네이버는 위믹스 플랫폼의 기술과 IT 시스템, 플랫폼 운영 등 여러 분야에서 협력하고 사업적으로 더 큰 효과를 내기 위한 것으로 알려졌다. 이것은 블록체인 세상에 참여해서 미래 사업을 넓힐 가능성을 찾는 경우다.

7) 기타 가상자산 관련 사업을 하는 회사

우리기술투자, 한화투자증권, 티사이언티픽, 위지트, 다날, 컴투스홀딩스, 위메이드 등 우리나라 주요 가상화폐 거래소(업비트, 빗썸)의 지분을 가지고 있는 회사들이 중요한 관련 주식으로 꼽힌다. 또한 비트코인 채굴 부품을 만들거나, 보안 시스템을 개발하고, 블록체인으로 결제하는 서비스, 가상화폐 지갑을 만드는 등 여러 방법으로 가상자산 관련 사업을 하는 상장 회사들이 있다. 블록체인 시스템 회사인 DSRV는 주로 밸리데이터(거래를 확인하는 사람) 사업을 하는데, 가상자산 시장의 영향을 줄이려고 밸리데이터로 번 돈을 매달 현금으로 바꾼다.

우리나라 상장 회사들 대부분이 가상자산을 보유하는 이유를 "사업 목적"이라고 말하지만, 속으로는 여러 가지 다른 이유가 있다. 이것은 허용된 "사업을 위한 보유"와 상장 회사에게 금지된 "시세 차익을 노린 사고팔기" 사이의 애매한 경계를 만든다. 특히 비트맥스처럼 사업 목적에 아예 '가상자산 투자'를 넣는 경우는 이런 경계를 직접적으로 시험하는 것으로 볼 수 있다. 이렇게 법이 명확하지 않은 상황은 회사들이 가상자산을 이용해서 주가를 올리려는 시도를 부추길 수 있고, 이는 시장에서 '묻지도 따지지도 않고 오르는 주가'로 이어질 위험이 있다. 정부가 추진하는 '가상자산 2단계법'은 사업자들이 시장에 들어오고 영업하는 규칙을 만들고, 투명하게 상장하고 정보를 공개하는 제도를 만들려는 목표를 가지고 있다. 이는 지금 법이 부족하다는 것을 정부도 알고 있다는 뜻이다.

4-9

상장사의 가상자산 회계 처리 및 정보 공개 의무

가상자산 돈 계산 기준의 변화와 불확실한 점

예전에는 가상자산이 법적으로 어떤 것인지 분명하지 않아서 돈 계산(회계 처리) 규칙이 없었다. 그래서 각 회사나 회계 감사하는 사람들이 가상자산 돈 계산을 자기 마음대로 해서 시장에 혼란을 주었다.

국제회계기준위원회(IASB)가 가상자산에 대해 물어본 결과, 만든 사람에게 돌려달라고 할 수 없는 가상자산은 가지고 있는 목적에 따라 재고(팔려고 가지고 있는 물건) 또는 무형자산(눈에 보이지 않는 재산)으로 돈 계산을 해야 한다고 발표했다. 가상자산은 돈이나 다른 회사의 주식 같은 것이 아니므로 금융자산(돈과 관련된 재산)으로 분류되지 않는다. 가상자산의 가치는 가지고 있는 회사 등이 어떻게 그 가치를 계산했는지 자세히 설명해서 공개해야 한다. 지금 우리나라에서 쓰는 한국채택 국제회계기준(K-IFRS)에서도 가상자산은 대부분 무형자산으로 분류됐지만, 파는 것에 대한 돈 계산 기준은 명확하지 않았다.

하지만 2024년 12월 15일부터 새로 만들어진 돈 계산 기준이 적용됐다. 이 새로운 기준은 예전처럼 가상자산을 팔아서 생긴 이익이나 손해만 기록하는 것이 아니라, 손해가 났는지까지 바로 기록하고, 가상자산 가격이 변해서 생긴 이익이나 손해도 돈 계산 장부에 바로 반영할 수 있게 한다. 이런 새로운 기준이 생기면서 예전 가상자산 돈 계산의 문제점을 고치고, 회사의 돈 상황을 보여주는 서류(재무제표)를 더 투명하게 만드는 데 큰 의미가 있다.

2025년 상장 회사 가상자산 정보 공개 지침

정부의 금융 감독 기관은 '가상자산 이용자를 보호하는 법'이 국회를 통과하는 등 가상자산 관련 규칙이 만들어지면서, 시장의 불확실성을 없애고 정보를 더 투명하게 공개하기 위해 새로운 공개 지침을 만들었다.

2025년 1월 1일 이후 처음 시작되는 사업 연도부터 가상자산을 투자하려고 가지고 있는 회사는 어떤 종류의 가상자산인지, 어떻게 얻었는지, 얼마의 가치가 있는지 등 관련 정보를 반드시 자세히 공개해야 한다. 더 자세히 말하면 상장 회사는 보유한 가상자산의 이름과 개수, 장부에 기록된 가치와 시장에서 거래되는 가치를 각각 자세히 설명해서 공개해야 한다. 2022년 12월 말 기준으로 우리나라 상장 회사들이 가지고 있는 다른 회사에서 만든 가상자산의 시장 가치는 2,010억 원 정도였고, 클레이(566억 원), USD코인(299억 원), 테더(191억 원) 순으로 많이 가지고 있었다.

회계 기준 변경에 따른 재무적 영향과 주의할 점

새로운 회계 기준과 공시 의무의 도입은 기업의 재무 건전성을 평가하는 데 중요한 변화를 가져올 것이다. 가상자산의 미실현 손익(아직 실현되지 않은 이익이나 손해)까지 재무제표에 직접 반영되면서, 투자자와 분석가들은 기업이 가상자산을 보유함으로써 발생하는 재무적 위험을 더 정확하게 평가할 수 있게 된다. 이는 가상자산 테마로 인한 주가의 투기적인 급등 현상을 완화하고, 기업의 가상자산 운용 전략에 대한 책임성을 높이는 데 긍정적인 영향을 미칠 것으로 보인다.

하지만 가상자산에 대한 회계 기준이 마련된다고 해서 가상자산 자체가 가진 내재적인 가격 변동성이나 불확실성이 해소되는 것은 아니다. 가상자산의 시세 변동은 기업의 재무 상태를 크게 흔들 수 있으며, 미실현 손익의 발생 가능성은 항상 존재한다. 또한 회계 처리 기준상으로는 특정 디지털자산이 공정 가치로 평가될 수 있지만, 세법에서는 일반적으로 이러한 평가 방식을 인정하지 않아 회계와 세무 간의 차이가 발생하고, 이는 세무 조정을 복잡하게 만드는 요인이 될 수 있다.

가상자산이 국제회계기준(IFRS)에서 금융자산이 아닌 무형자산으로 분류되는 한계점도 여전히 존재한다. 많은 기업이 투자 수익 창출을 목적으로 가상자산을 보유하지만, 무형자산으로 분류되면서 그 금융자산적 성격이나 가격 변동성이 재무제표에 충분히 드러나지 않을 수 있다. 가상자산의 실질을 더 잘 반영할 수 있도록 금융자산의 범위를 개정해야 한다는 논의가 계속되는 것은 이러한 분류의 한계를 방증한다. 이는 향후 회계 기준이 더욱 발전하여 보다 현실적인 재무 정보가 제공될 가능성이 있음을 시사한다. 그러므로 기업은 가상자산 투자에 대해 투자자 스스로 책임지고 신중하게 판단해야 한다.

가상자산 투자를 통해 얻을 수 있는 이점

우리나라 상장 회사들이 가상자산 투자에 관심을 가지는 것은 단순히 유행을 따르는 것이 아니라, 여러 가지 좋은 점을 기대하기 때문이다.

재산을 여러 곳에 나눠 투자하고 물가 상승을 막는 방법

가상자산, 특히 비트코인처럼 중요한 가상자산은 보통 주식이나 부동산 같은 일반적인 재산과 움직임이 달라서, 재산을 여러 곳에 나눠 투자하는 데 도움이 될 수 있다. 이것은 회사 재산이 위험에 빠지는 것을 줄여주고, 물가가 오를 때 돈의 가치가 떨어지는 것을 막아주는 방법으로 돈을 가장 잘 굴리는 데 활용될 수 있다.

새로운 사업 기회 만들고 블록체인 세상 넓히기

가상자산은 단순히 투자하는 것을 넘어 새로운 사업 모델을 만드는 바탕이 된다. NFT, STO 같은 새로운 기술을 이용한 사업 모델을 넓히거나, 블록체인 기반의 웹 3.0 서비스 산업에 뛰어들 수 있다. 회사들은 블록체인 세상에 참여하고 관련 시스템을 개발하며, 부동산, 주식, 채권 등 실제 재산을 코인으로 바꾸는 것(RWA)을 통해 새로운 돈벌이 방법을 찾을 수 있다.

회사 운영을 더 잘하고 돈 아끼기

디지털자산을 활용하면 회사 운영을 전반적으로 아주 효율적으로 할 수 있다. 월급 주기, 물건값 내기, 외국과 거래하기, 손님과 소통하기, 회사들끼리 돈 주고받기 등에서 돈을 주고받는 과정을 간단하게 하고 거래 속도를 빠르게 할 수 있다. 특히 은행 송금 수수료를 아끼는 효과를 기대할 수 있고, 스테이블코인을 이용한 결제 서비스는 온라인과 오프라인에서 쓰는 경우가 늘어나고 있다. 쇼피파이와 스트라이프 같은 세계적인 결제 회사들도 USDC(스테이블코인) 결제를 지원하면서 이런 흐름을 이끌고 있다.

회사 가치 높이고 시장에서 자기 위치 튼튼하게 하기

가상자산을 똑똑하게 도입하는 회사는 혁신적이고 미래를 생각하는 이미지를 만들어서 시장에서 자기 위치를 더 튼튼하게 할 수 있다. 이것은 회사의 시장 가치를 높이고 새로운 투자자들의 관심을 끄는 데 도움이 될 수 있다. 특히 돈 문제로 어려운 회사의 경우, 가상자산 유행에 뛰어들면서 시장에서 다시 평가받고 돈을 모을 기회를 얻을 수 있다.

가상자산 투자를 하게 되면 생기는 문제점 및 위험 요소

가상자산 투자는 좋은 점이 많지만, 동시에 회사들이 겪어야 할 심각한 문제점과 위험한 점도 가지고 있다.

큰 가격 변화와 돈 관련 위험

가상자산의 가치는 아주 빠르게, 심지어 한 시간마다 변할 수 있다. 이렇게 심한 가격 변화는 회사가 가지고 있는 가상자산의 시장 가치를 크게 흔들 수 있고, 이는 회사의 돈 상황에 직접 영향을 줘서 아직 팔지 않아서 생긴 이익이나 손해(미실현 손익)를 만들 수 있다. 예를 들어 비트맥스의 경우 가지고 있는 비트코인으로 버는 돈이 전환 사채 이자보다 적은데도 기대감에 따라 주가가 오르는 현상을 보인다. 이런 가격 변화 위험은 회사의 진짜 가치와 멀어질 수 있다는 경고 신호다. 가상자산 가격은 투기적 요인에 의해 크게 변동하며, 실제 경제적 활용 사례에 기반하지 않는 경우가 많다. 또한 가상자산 가격 하락 시 금융 시장의 유동성 및 금융 회사의 건전성을 악화시킬 수 있다.

법적인 위험

우리나라의 법 상황은 '조금씩 허용하겠다'는 계획으로 발전하고 있지만, 여전히 불확실한 점이 있다. 특히 상장 회사가 "시세 차익을 노리고 가상자산을 사고파는 행위"는 금지되지만, "사업 목적"으로 가상자산을 보유하는 행위와의 경계가 애매할 수 있다. 지금 법으로는 회사가 직접 디지털자산을 거래하는 것이 제한되어 있어서, 어떤 회사들은 특별한 관계에 있는 사람 이름으로 몰래 거래하는 경우가 있다. 하지만 이것은 법적으로나 돈 계산에서 신용을 불투명하게 만들고, 나중에 법이 더 강해지면 처벌받을 위험이 있다. '가상자산 이용자를 보호하는 법'은 시세 조종, 아직 공개되지 않은 중요한 정보를 이용하는 등 공정하지 못한 거래를 강하게 막고, 어기면 무거운 처벌과 벌금을 물릴 수 있다.

보안 및 관리 위험

디지털자산은 해킹, 돈 빼돌리기, 시스템 고장, 플랫폼 회사 파산 등 여러 가지 보안 위험에 노출되어 있다. 회사는 이런 위험을 줄이기 위해 누가 어떤 권한을 가지고 있는지 분명히 하고, 일을 나누어 맡겨서(직무 분리) 관리가 투명하게 이루어지도록 해야 한다. 재산 보관, 사용 허락 권한, 기록 관리의 책임을 나누고 문서로 남기는 것이 중요하다. 또, 다른 회사에 가상자산을 맡기는 서비스 (커스터디)를 이용할 경우, 그 회사가 적절한 보험에 가입되어 있고 재산이 따로 관리되는지 확인해서 거래소나 커스터디 회사가 갑자기 문을 닫거나 파산해도 재산을 보호할 수 있도록 해야 한다.

돈세탁 방지 및 법 준수 위험

회사의 가상자산 거래 규모는 개인보다 크기 때문에 불법적인 돈세탁 가능성이 높아질 수 있고, 이에 대한 법과 철저한 감시 시스템이 필요하다. 거래 목적과 돈의 출처를 확인하고, 지갑 주소와 주인을 확인하는 등 엄격한 돈세탁 방지 지침을 따라야 한다. 가상자산이 범죄에 쓰일 수 있다는 걱정도 계속 나온다.

복잡한 세금 문제

가상자산은 세금법에서 재산으로 보기 때문에 거래하면 세금을 내야 한다. 돈 계산 기준에서는 특정 디지털자산이 공정한 가격으로 평가될 수 있지만, 세금 계산에서는 보통 이런 방식이 적용되지 않아 돈 계산과 세금 계산 사이에 차이가 생겨 복잡해질 수 있다.

회사 이미지 위험

가상자산 시장은 가격이 크게 변하고 한탕을 노리는 특성이 있어서, 회사가 생각 없이 가상자산에 투자해서 큰 손해를 보거나 주가 조작 의심을 받으면, 회사의 이미지와 투자자들의 믿음에 큰 상처를 줄 수 있다.

국내 상장사의 대표자 위탁 투자

우리나라 상장 회사들이 법인 이름으로 된 가상자산 계좌를 만들기 어려운 상황에서도, 일부 회사들은 대표자나 특별한 관계에 있는 사람에게 맡겨서(위탁해서) 가상자산에 투자하는 경우가 있다. 이것은 회사가 직접 계좌를 만들 수 없으니, 대표자 개인의 계좌를 통해 회사 돈으로 가상자산을 사고파는 방식이다. 법적으로는 회사의 돈을 개인 계좌로 옮겨서 쓰는 것이기 때문에 여러 가지 위험이 따른다.

1) 불법 자금 세탁 의심

회사 돈을 대표자 개인 계좌로 보내 가상자산을 거래하면, 은행이나 정부는 이 돈이 어디서 왔는지, 어디로 가는지 알기 어렵다. 그래서 불법적인 돈을 깨끗한 돈처럼 보이게 하는 '돈세탁'으로 의심받을 수 있다. 만약 돈세탁으로 밝혀지면 회사와 대표자 모두 큰 처벌을 받을 수 있다.

2) 회사 돈을 함부로 쓰는 문제

회사의 돈은 회사의 목적에 맞게 써야 한다. 그런데 대표자 개인 계좌로 돈을 보내 가상자산에 투자하면, 나중에 대표자가 회사 돈을 개인적으로 썼다는 오해를 받거나 실제로 그렇게 될 위험이 있다. 이는 '배임'이나 '횡령' 같은 심각한 법적 문제로 이어질 수 있다.

3) 세금 문제

회사 돈으로 투자한 가상자산에서 이익이 나더라도, 개인 계좌로 거래했기 때문에 세금을 제대로 신고하고 내기가 복잡해진다. 회사와 대표자 개인 모두 세금 관련 법을 어겼다는 문제가 생길 수 있다.

4) '가상자산 이용자 보호법' 위반 가능성

2024년 7월부터 시행된 '가상자산 이용자 보호법'은 가상자산 시장의 불공정한 거래를 막고 투자자를 보호하는 데 초점을 맞춘다. 대표자 위탁 투자가 이 법의 취지에 어긋나거나, 시세 조종, 내부 정보 이용 등 불공정한 거래로 이어질 경우 법적 제재를 받을 수 있다.

5) 재무적 위험

• 자금 혼재의 문제: 회사 자금과 대표자 개인의 자금이 섞여서 자산의 소유권이 불분명해진다. 만약 회사가 재무적 어려움을 겪거나 대표자에게 개인적인 문제가 발생했을 때, 회사의 자산을 안전하게 보호하기 어려워질 수 있다.

• 통제력 상실: 회사는 대표자에게 가상자산 투자를 위임하면

서, 해당 자산에 대한 직접적인 통제력을 상실하게 된다. 모든 과정이 대표 개인의 정직함과 능력에만 의존하게 되는 것이다.

• 해킹 및 시스템 위험: 대표자의 개인 계좌가 해킹당하거나 가상자산 거래소 시스템에 문제가 생기면, 회사 자금으로 투자한 가상자산 역시 함께 위험에 빠진다.

6) 회사 이미지 위험

• 나쁜 평판: 회사가 법적인 절차를 지키지 않고 편법으로 가상자산에 투자했다는 사실이 알려지면, 회사의 이미지가 크게 나빠지고 투자자들의 신뢰를 잃을 수 있다. 특히 가상자산 시장은 아직 투기적이라는 인식이 강해서, 이런 편법 투자는 더욱 부정적인 시선을 받을 수 있다.

• 정부 감시: 불투명한 거래 방식은 정부의 감시를 받게 될 가능성이 높다. 이는 불필요한 조사와 법적 분쟁으로 이어져 회사의 자원과 시간을 낭비하게 할 수 있다.

이러한 위험들 때문에 대표자에게 위탁하여 가상자산에 투자하는 것은 단기적인 편의를 제공할 수 있지만, 길게 보면 회사에 매우 큰 부담과 위험을 안길 수 있는 방법이다. 정부의 단계적 허용계획이 발표된 만큼, 회사는 합법적인 경로를 통해 가상자산 시장에 참여할 준비를 하는 것이 중요하다.

4-12

소규모 회사는
어떻게 투자하는가?

현재 국내에서는 법인 명의의 가상자산 계좌 개설이 사실상 불가능하기 때문에, 소규모 기업들은 다양한 우회적인 방법을 통해 가상자산 시장에 참여하고 있다. 다음은 실제 발생할 수 있는 구체적인 사례들이다.

사례 1: IT 스타트업의 스테이블코인 투자금 유치 및 운영

1) 배경

10명 규모의 한 IT 스타트업은 혁신적인 블록체인 기반 서비스를 개발하며 국외 시장 진출을 목표로 했다. 유망한 기술력을 가졌지만 국내에서 초기 자금을 조달하는 데 어려움을 겪던 중, 싱가포르에 위치한 한 벤처캐피탈(VC)로부터 50만 달러 규모의 시드(Seed) 투자를 유치하는 데 성공했다. 문제는 VC 측에서 신속성과 편의성을 이유로 은행 송금이 아닌 스테이블코인 USDC로 투자금을 집행하겠다고 제안한 것이다. 회사의 생존이 걸린 자금을 암호화폐로 수령해야 하는 도전적인 과제에 직면하게 되었다.

2) 대응 과정: 단계별 상세 분석

• 법적 검토 및 리스크 분석: 회사는 즉시 법무법인에 자문을 구했다. 변호사는 「특정 금융거래정보의 보고 및 이용 등에 관한 법률」에 따라 법인 명의의 실명 확인 입출금 계정 발급이 현실적으로 어렵다는 점을 설명했다. 대안으로 '대표이사 개인 계좌를 활용한 위탁 관리' 방식을 제안하며, 추후 발생할 수 있는 법적 분쟁(특히 횡령 및 배임 혐의)을 방지하기 위해서는 객관적이고 철저한 증빙 서류(Paper trail) 구비가 필수적이라고 강조했다.

• 내부 통제 절차 마련: 자금을 수령하기에 앞서 내부 통제 장치를 마련했다. 이사회를 열어 '해외 투자금 USDC 수령 및 원화 환전을 위한 대표이사 계좌 위탁 건'을 정식 안건으로 상정하고 만장일치로 승인받았다. 이사회 의사록에는 투자 유치 배경, 정확한 금액(50만 USDC), 사용할 대표이사 명의의 거래소 계좌 정보, 관리 책임 및 절차를 명확히 기록했다. 또한 회사와 대표이사 개인 간에 '가상자산 취득 및 관리 위탁 계약서'를 체결했다. 이 계약서에는 "해당 계좌의 모든 가상자산은 법인의 소유이며, 대표이사는 법인의 지시에 따라 관리 및 처분할 의무만을 진다", "모든 거래는 CFO의 서면 승인을 득해야 한다" 등의 조항을 포함하여

대표이사의 역할을 수탁 관리인으로 한정했다.

- 독립된 계좌 개설 및 자금 수령: 대표이사는 자금 혼재를 방지하기 위해 기존에 사용하던 개인 투자용 계좌가 아닌, 이 목적만을 위한 새로운 거래소 계좌를 개설하고 본인 인증(KYC)을 완료했다. 이 계좌의 지갑 주소를 VC에 전달했고, VC로부터 50만 USDC가 입금된 것을 블록체인 탐색기(Etherscan)를 통해 팀원 모두가 실시간으로 확인했다.

- 원화 환전 및 법인 입금: 대규모 자금을 한 번에 환전할 경우 가격 하락(Slippage)이 발생할 수 있고, 거래소의 1회 환전 한도 문제도 있었다. 따라서 대표이사는 CFO의 승인하에 이틀에 걸쳐 여러 차례에 나누어 USDC를 원화로 매도했다. 최종적으로 환전된 원화는 '대표이사 가수금' 형태로 법인 계좌에 입금되었다. 회계팀은 이 가수금을 추후 증자 등을 통해 자본금으로 전환할 계획을 세우고, 모든 이체 기록과 거래 내역을 회계 감사 자료로 철저히 편철했다.

- 결과 및 시사점: 전통적인 방식보다 훨씬 빠르게 투자금을 확보하여 개발 인력을 채용하고 사업에 즉시 착수할 수 있었다. 하지만 그 과정에서 상당한 행정적, 재무적 비용이 발생했다. 회계 담당자는 복잡한 거래 기록을 처리하는 데 어려움을 겪어 결국 외부의 가상자산 전문 회계법인에 추가 비용을 지불하고 자문을 구해야 했다. 대표이사 역시 회사 자금을 개인 계좌로 관리하는 것에 대한 법적 리스크와 심리적 압박을 크게 느꼈다. 이 사례는 규

제 공백 속에서 혁신을 시도하는 스타트업이 생존을 위해 불가피하게 감수해야 하는 현실적인 고충과 위험을 명확히 보여준다.

사례 2: 중소 제조업체의 비트코인 재무자산 투자

1) 배경

30년 업력의 한 건실한 중소 제조업체는 창업주인 아버지가 '안정'을 최고 가치로 여기며 회사를 운영해 왔다. 하지만 미국 유학 후 경영을 맡게 된 2세 경영인인 아들(CEO)의 생각은 달랐다. 그는 수년간 이어진 저금리 기조와 인플레이션으로 인해 회사 금고에 쌓여 있는 유보금의 실질 가치가 매년 하락하고 있다는 사실에 문제 의식을 느꼈다. 그는 이사회(주로 가족 구성원)에서 마이크로스트래티지의 사례를 들며, 비트코인을 '단기 투기'가 아닌 '장기적인 가치 저장 수단'이자 '디지털 부동산'으로 접근할 것을 제안했다. 그는 M2 통화량 증가율과 비트코인의 고정된 공급량을 비교하는 데이터를 제시하며, 전체 현금성 자산의 5%라는 제한된 금액만 투자하여 위험을 통제하자고 설득한 끝에 마침내 승인을 얻어냈다.

2) 투자 방식 및 과정

• 엄격한 투자 규정 수립: 이사회는 투자를 승인하되, 매우 엄격한 조건을 명시했다. 이사회 의사록에는 ① 정확한 투자 원금(원화 기준), ② 매입 시 비트코인의 개당 최고 가격 상한선, ③ 사

용할 특정 거래소, ④ 추가 매입 절대 금지(추후 별도 승인 필요) 조항이 명시되었다. 이는 CEO의 독단적인 판단에 따른 추가 투자를 막기 위한 제도적 장치였다.

- 이중 통제를 통한 매입: CEO와 30년간 회사의 재무를 담당해 온 CFO가 함께 CEO의 집무실에서 매입을 집행했다. CEO의 개인 거래소 계좌를 사용했지만, 매입 과정 전체를 스크린샷으로 기록하고, 거래 직후 CEO와 CFO가 함께 서명한 '비트코인 매입 확인서'를 작성하여 모든 법적 책임 소재를 명확히 했다.

- 콜드 월렛 보안 프로토콜 구축: 이 회사는 자산의 안전한 보관을 최우선으로 여겼다. 단순히 하드웨어 지갑을 구매하는 것을 넘어, 정식 '콜드 월렛 보안 프로토콜'을 수립했다. 해킹이나 분실 위험을 분산시키기 위해 세계 1, 2위 브랜드인 렛저와 트레저의 최상위 모델을 각각 하나씩 구매했다. 매입한 비트코인은 절반씩 나누어 두 지갑으로 옮겼고, 이 지갑들은 다시 회사 중앙 금고에 보관되었다. 중앙 금고는 CEO와 창업주인 회장만이 각각 소유한 두 개의 다른 열쇠가 있어야만 열 수 있었다.

- 시드 문구의 분산 및 다중 보관: 가장 중요한 복구 시드 문구 (24개 단어)는 최고의 보안을 위해 '샤미르 백업(Shamir Backup)' 방식을 응용했다. 24개 단어를 3개의 문서 그룹으로 나누고, 어떤 두 그룹만 있어도 전체를 복구할 수 있도록 설정했다. 각 문서 그룹은 방수, 방화 처리가 된 금속판에 각인된 후, 위변조 방지 봉투에 밀봉되었다. 그리고 이 3개의 봉투는 각각 CEO, CFO, 회사의

고문 변호사가 각기 다른 은행의 대여 금고에 보관했다. 이는 어느 한 명의 유고나 배신 행위가 있더라도 자산을 안전하게 지킬 수 있는 강력한 통제 장치였다.

• 결과 및 시사점: 수년에 걸쳐 비트코인의 가치는 은행 예금 이자율을 훨씬 상회하며 크게 상승했고, 이는 CEO의 전략적 판단이 옳았음을 증명하며 보수적인 가족 구성원들로부터 신뢰를 얻는 계기가 되었다. 하지만 매년 외부 감사를 받을 때마다 회계법인은 이 비트코인 자산의 실재성과 소유권, 내부 통제 절차를 검증하는 데 많은 시간을 할애했고, 이는 상당한 행정적 부담으로 작용했다. 이 회사는 그들의 정교한 자체 수탁(Self-custody) 방식이 효과적이긴 하지만, 장기적으로는 정부가 허용하고 신뢰할 수 있는 '기업용 커스터디 서비스'를 이용하여 보다 간편하고 안전하게 자산을 관리할 수 있기를 희망하고 있다.

4-13

기업은 왜 쉽게 투자하지 못하는가

지금(2025년 4월 기준) 우리나라에서 회사들이 가상자산에 투자하려고 자기 회사 이름으로 된 계좌를 만들고 가상자산을 직접 사고파는 것은 사실상 어렵다. 이것은 은행들이 돈세탁 위험을 걱정해서 회사들에게 가상자산 거래용 계좌를 잘 안 만들어 주기 때문이다. 2018년 '가상화폐 자금세탁 방지 지침'이 생긴 뒤로 회사들이 가상자산 거래에 참여하는 것을 막는 정부의 방침이 계속되어 왔다. 이 때문에 우리나라 회사들이 블록체인 사업을 하면서 어쩔 수 없이 가상자산을 얻거나 팔아야 할 때도 어려움을 겪었다.

또한 회사를 만들 때 '가상자산 투자'를 주요 사업으로 정하는 것 자체가 어렵다. '블록체인 소프트웨어 개발' 같은 기술 관련 사업도 은행 계좌를 만들 때 어려움을 겪는 경우가 많다. 실제로 회사 이름으로 된 계좌를 만드는 문제 때문에 가상자산 관련 사업을 하려던 회사들이 사업 목적을 없애고 회사를 만드는 경우도 자주 있다.

정부의 계획

정부는 '가상자산 이용자를 보호하는 법'을 만들고 시장을 안정시킨다는 조건으로, 회사들이 가상자산 시장에 조금씩 참여할 수 있도록 계획을 세웠다. 이 계획은 2025년 주요 업무 계획에 들어 있고, 단계별로 허용되는 범위와 대상이 분명하게 나뉜다.

1단계) 현금으로 바꾸는 것만 허용 (2025년 상반기~)

• 대상: 법을 집행하는 기관(검찰, 국세청, 세관 등), 기부를 받은 비영리 단체와 대학교, 가상자산 거래소 등이다. 법을 집행하는 기관은 이미 2024년 말부터 계좌를 만들 수 있도록 도움을 받고 있다.

• 범위: 이들이 이미 가지고 있는 가상자산을 '현금으로 바꾸는 것(파는 것)'만 특별한 조건에서 할 수 있고, 투자하려고 사고파는 것은 현재 안 된다. 서울대학교 등 일부 대학은 기부받은 가상자산을 현금으로 바꾸지 못하던 상황이었다.

2단계) 전문 투자자(상장 회사 포함) 거래 시험 허용 (2025년 하반기~)

• 대상: 금융 회사를 뺀 상장 회사와 전문 투자자로 등록한 회사다.

• 전문 투자자 조건: 자본시장법에 따르면 '금융 투자 상품을

100억 원 이상 가지고 있는 회사(외부 감사를 받는 회사는 50억 원 이상)' 등 아주 높은 돈 관련 조건을 만족해야 한다. 이것은 홍콩에서 가상자산 거래를 허용하는 기준(재산이 800만 홍콩 달러 이상이거나 총 재산이 4,000만 홍콩 달러 이상)과 비슷하다.

- 범위: 가상자산을 사고파는 것이 시험 삼아 허용될 예정이다.
- 조건: 거래 목적과 돈의 출처를 확인하고, 지갑 주소와 주인을 확인해야 한다. 해킹이나 돈 빼돌리기를 막기 위해 다른 회사가 가상자산을 보관하고 관리하도록 권장하며, 가상자산 거래 내용을 투자자들에게 더 많이 알려야 하는 등 엄격한 지침을 따라야 한다.

3단계) 일반 회사 투자

이 계획에서는 아주 나중에 검토할 일로 분류된다. 일반 회사들이 투자할 수 있게 되려면 여러 중요한 법(가상자산 관련 법, 외국 돈 관련 법 등)과 시스템(나라 간 정보 교환 등)을 먼저 고쳐야 해서 몇 년 이상 걸릴 수 있다.

정부가 '조금씩 허용하겠다'는 정책을 내놓으면서 우리나라 회사들이 가상자산 시장에 참여할 수 있다는 기대감이 커졌지만, 실제로 참여하기는 여전히 매우 어렵다. 특히 2단계에서 필요한 '전문 투자자' 조건은 대부분의 상장 회사들에게도 넘기 어려운 벽이 될 것이다. 이것은 시장에서 가상자산 관련 주식이 '묻지도 따지지도 않고 오르는' 현상이 법과 실제 현실과는 다를 수 있다는 것을 보여준다. 정부는 돈세탁을 막고 투자자를 보호하는 것을 가장 중요하게 생각하며 조심스럽게 접근하고 있다.

이런 법의 변화는 단순히 우리나라만의 문제가 아니라, 전 세계적으로 가상자산이 돈과 일상생활에 아주 중요한 것이 되어가는 흐름에 대한 현실적인 대응으로 볼 수 있다. 미국 등 주요 나라들이 가상자산 관련 법을 새롭게 만들면서 주도권을 잡으려는 움직임 속에서, 우리나라 정부도 '세계적인 법과 발을 맞추려는' 노력을 하고 있다. 이것은 길게 보면 우리나라 회사들이 가상자산 시장에 더 많이 참여할 것이라는 뜻이지만, 회사들은 너무 앞서가는 기대보다는 까다로운 조건을 만족시키고 법을 잘 지키는 데 집중해서 계획을 세워야 한다.

현재 법인 사업자의 투자 가능성 및 방법

현재(2025년 4월 기준) 국내에서 일반 법인 사업자가 가상자산 투자를 목적으로 실명 계좌를 개설하여 직접 투자하는 것은 사실상 불가능하다. 이는 정부가 법인의 가상자산 거래를 제한하겠다는 입장을 밝힌 이후 은행들이 법인 명의의 실명 계좌 개설을 허용하지 않는 관행이 7년간 이어져 왔기 때문이다.

어떠한 요건을 준비하면 투자를 할 수 있는가? 그리고 그 방법은 무엇인가?

소규모 법인 사업자가 국내에서 가상자산에 투자하려면, 크게 두 가지 방법을 고려할 수 있다.

1) '전문 투자자 법인'이 되는 요건을 준비하기

• 요건: 2025년 하반기부터 시범적으로 허용되는 '전문 투자자 법인'이 되려면, 자본시장법상 금융 투자 상품 잔고가 100억 원 이상이어야 한다. 외부 감사를 받는 법인이라면 50억 원 이상의 금융 투자 상품 잔고가 필요하다.

• 방법: 소규모 법인에게는 이 요건을 충족하는 것이 매우 어렵다. 따라서 당장 가상자산 투자를 주 목적으로 법인을 세우는 것은 현실적으로 어렵다. 대신 다른 명확하고 합법적인 사업을 주된 목적으로 삼아 법인을 운영하면서, 장기적인 관점에서 회사의 자산을 늘려나가 '전문 투자자 법인'의 요건을 갖추는 것을 목표로 해야 한다.

• 추가 준비 사항: 전문 투자자 법인으로 가상자산 투자를 하게 되면, 불법 자금 세탁 방지를 위한 시스템을 강화하고, 투자자에게 정보를 더 많이 공개하며, 해킹이나 횡령을 막기 위해 제3의 보관·관리 기관을 활용하는 등의 노력을 해야 한다.

2) 외국 현지 법인을 통해 투자하기

• 방법: 국내에서는 법인의 가상자산 거래가 제한되어 왔기 때문에, 많은 국내 기업들이 규제가 덜한 미국, 싱가포르 등 외국에 현지 법인을 세워 가상자산을 보유하거나 거래하는 방법을 사용

해 왔다. 실제로 국내 상장 기업이 국외 현지 법인을 통해 보유한 가상자산은 국내 보유액보다 훨씬 많다.

• 주의할 점: 이 방법은 국내 규제를 피하는 우회적인 방법이지만, 국외 법인 설립 및 운영에 대한 복잡한 절차와 비용이 발생할 수 있다. 또한 외국 현지 법인의 가상자산 투자에 대해서는 해당 국가의 법률과 세금 규제를 따라야 하므로, 전문가의 도움을 받는 것이 필수적이다. 어떤 회사들은 지금 법으로는 회사가 직접 디지털자산을 거래하는 것이 금지되어 있어서, 특별한 관계에 있는 사람 이름으로 몰래 거래하는 경우가 있다. 하지만 이것은 법적으로나 재무적으로 상태를 불투명하게 만들고, 정부의 감시를 받게 되는 위험한 신호가 될 수 있다. 이런 몰래 하는 방법은 나중에 법이 더 강해지면 처벌받을 위험이 크므로 하지 말아야 한다.

결론적으로, 현재 국내에서 소규모 법인 사업자가 가상자산에 직접 투자하는 것은 매우 어렵다. 정부의 단계적 허용 계획은 큰 회사나 특정 목적의 법인부터 시작하며, 일반 법인에게는 아직 먼 미래의 이야기다. 따라서 투자를 고려한다면, 장기적인 관점에서 '전문 투자자 법인'의 요건을 준비하거나, 외국 현지 법인을 통한 우회 방법을 신중하게 검토해야 한다. 어떤 방법을 선택하든, 가상자산 투자는 높은 위험을 동반하므로 충분한 정보와 전문가의 조언을 바탕으로 신중하게 접근해야 한다.

개인 사업자의 가상자산 투자 방법 및 주의할 점

개인 사업자는 기본적으로 개인 투자자와 똑같이 국내 가상자산 거래소에서 본인 이름으로 된 실명 계좌를 만들어 가상자산에 투자할 수 있다. 현재까지는 개인이 가상자산 투자로 얻은 수익에 대해 세금을 내지 않지만, 2027년 1월 1일부터는 가상자산을 팔거나 빌려주어 생긴 연간 250만 원을 넘는 소득에 대해 22%(지방세 포함)의 세율로 세금이 부과될 예정이다.

개인 사업자가 가상자산 투자를 할 때 몇 가지 주의할 점이 있다. 첫째, 사업소득으로 볼 수 있다는 위험이다. 개인 사업자가 가상자산 거래를 단순 투자가 아닌, 반복적이고 사업적인 목적으로 하는 것으로 판단될 경우, 해당 소득은 '사업소득'으로 분류되어 종합소득세(여러 소득을 합쳐서 내는 세금)가 부과될 수 있다. 이는 일반 개인 투자자와의 가장 큰 차이점이므로, 사업의 주된 목적과 가상자산 투자 활동의 성격을 명확히 구분하는 것이 중요하다.

둘째, 불법 자금 세탁 방지 및 이용자 보호 강화이다. 2024년 7월 19일부터 시행된 '가상자산 이용자 보호법'에 따라 가상자산 이용자 보호와 부당한 거래 행위 규제가 강화된다. 금융 당국은 가상자산 관련 불법 행위에 대한 감시와 조사를 강화하고 있으므로, 개인 사업자도 이러한 규제 변화에 맞춰 투명하게 거래해야 한다.

셋째, 상속세 및 증여세이다. 가상자산을 상속받거나 증여하는 경우에는 현재도 상속세 및 증여세가 부과된다. 가상자산의 가치를 평가하는 방식이 복잡하고 전문적인 지식이 필요할 수 있으므로, 관련 세금 문제가 생기면 전문가의 도움을 받는 것이 좋다.

가족 기업(집사 기업)의 가상자산 투자 방법 및 고려 사항

'가족 기업' 또는 '집사 기업'은 법적으로 명확히 정해진 기업 형태라기보다는 가족 자산 관리나 특정 사업 운영 방식에 따른 이름이다. 따라서 가상자산 투자에 있어서는 해당 가족 기업이 어떤 법적 형태로 설립되었는지에 따라 규제가 적용된다.

1) 법인 형태의 가족 기업

주식회사, 유한회사 등 '법인 사업자'로 정식 등록된 가족 기업은 앞서 설명한 '법인 사업자의 단계적 허용 계획'을 따른다. 즉, 현재는 투자 목적의 직접적인 가상자산 계좌 개설이 어렵고, 2025년 하반기부터 전문 투자자 조건(금융 투자 상품 잔고 100억 원 이상 등)을 충족하는 경우에만 시범적으로 투자가 허용될 수 있다.

2) 개인 사업자 형태의 가족 기업

가족 구성원이 개인 사업자로 등록하여 사업을 운영하는 형태라면 '개인 사업자의 가상자산 투자 방법'을 따른다. 이 경우, 가상자산 거래가 반복적이고 사업성이 있다고 판단될 경우 사업소득으로 간주되어 종합소득세가 부과될 수 있는 위험에 주의해야 한다.

3) 단순 개인 투자 형태

가족 자산을 개인이 직접 관리하며 투자하는 형태라면, 이는 '개인 투자'에 해당하며, 2027년부터 가상자산 양도소득세가 부과된다.

가족 기업이 가상자산 투자를 할 때 몇 가지 중요한 고려 사항이 있다. 첫째, 투명성 및 돈의 출처이다. 가족 기업은 특성상 돈의 출처 및 흐름에 대한 투명성 요구가 일반 기업보다 높을 수 있다. 특히 고위 공직자의 경우 본인, 배우자, 직계 가족 등이 가진 가상자산을 반드시 신고해야 하는 의무가 2023년 5월부터 시행되었다. 이는 불법 자금 세탁 방지 및 이해 충돌 방지를 위한 조치로, 일반 가족 기업에도 중요한 의미를 가진다. 가상자산 투자를 통해 불법적인 돈의 흐름이 생기지 않도록 철저한 내부 규칙이 필요하다.

둘째, 법적 형태 선택의 중요성이다. 가상자산 투자 목적이 명확하다면, 가족 기업을 어떤 법적 형태로 운영할 것인지에 따라 앞으로 투자 가능성, 회계 및 세무 처리의 복잡함, 규제를 지켜야 하는 부담이 크게 달라질 수 있다. 법인 형태는 개인보다 더 엄격한 규제와 감독을 받지만, 길게 보면 더 큰 규모의 투자를 위한 제도적 기반을 마련하고, 사업을 확장할 때 유리한 점이 있을 수 있다. 가족 기업이 가상자산 투자를 고려할 때는 단순히 투자 수익률만을 볼 것이 아니라, 어떤 법적 형태로 운영될 것인지, 그리고 그 형태에 따른 회계, 세무, 불법 자금 세탁 방지(AML) 규제 준수 부담을 종합적으로 고려하여 전략적인 선택을 해야 한다. 특히, 돈의 출처를 명확히 하고 내부 규칙 시스템을 만드는 것이 더욱 중요해진다. 이는 규제 당국이 가상자산을 통한 불법 행위(불법 자금 세탁, 사기 등)에 대한 감시를 강화하고 있기 때문이다.

4-14
기업의 비트코인
투자 단계

기업이 비트코인에 투자하고자 할 때, 여러 단계를 거쳐야 한다. 현재 개인이 아닌 기업은 거래소에서 직접 거래할 수 없기 때문에, 더욱 신중한 준비가 필요하다. 기업들이 비트코인을 투자 또는 구매하려면 다음과 같은 과정을 거쳐야 한다.

비트코인 지갑 만들기

비트코인을 보유하려면 먼저 비트코인 지갑이 필요하다. 비트코인 지갑은 비트코인을 안전하게 보관할 수 있는 디지털 지갑이다. 지갑을 만들기 위해서는 스마트폰이나 컴퓨터에 지갑 앱을 설치하면 된다. 대표적인 지갑 앱으로는 코인베이스, 블록체인, 엑소더스 등이 있다. 지갑 앱을 설치한 후, 지갑을 생성하면 고유의 지갑 주소가 생성된다. 이 주소는 비트코인을 주고받을 때 사용되는 일종의 계좌번호와 같다. 기업은 보안을 위해 여러 개의 지갑을 생성하여 분산 보관하는 것이 좋다.

비트코인 거래소 가입하기

비트코인을 구매하려면 비트코인 거래소에 가입해야 한다. 거래소는 비트코인을 사고팔 수 있는 온라인 플랫폼이다. 국내에서는 업비트, 빗썸, 코빗 등이 대표적인 거래소이다. 거래소에 가입하려면 이메일 주소와 비밀번호를 입력하고, 본인 인증을 거쳐야 한다. 본인 인증은 신분증 사본을 제출하거나, 휴대폰 인증을 통해 이루어진다. 거래소에 가입한 후, 은행 계좌를 연결하고 원화를 입금하면 비트코인을 구매할 수 있다. 기업의 경우, 법인 계좌와 관련된 추가 인증 절차가 필요할 수 있다.

비트코인 구매하기

거래소에 가입한 후, 은행 계좌를 연결하고 원화를 입금하면 비트코인을 구매할 수 있다. 거래소에서 비트코인 구매 버튼을 클릭하고, 구매할 금액을 입력하면 비트코인을 구매할 수 있다. 예를 들어, 10만 원어치의 비트코인을 구매하고 싶다면, 거래소에서 10만 원을 입금하고, 비트코인 구매 버튼을 클릭하면 된다. 구매한 비트코인은 거래소 지갑에 보관되며, 필요에 따라 개인 지갑으로 옮길 수 있다. 기업은 대량 구매 시 시장 영향을 최소화하기 위해 나누어 매수하는 전략을 사용할 수 있다.

비트코인 보관하기

비트코인을 구매한 후에는 안전하게 보관해야 한다. 거래소 지갑에 보관할 수도 있지만, 해킹 위험이 있으므로 개인 지갑으로 옮기는 것이 더 안전하다. 개인 지갑은 스마트폰이나 컴퓨터에 설치된 지갑 앱을 사용하거나, 하드웨어 지갑을 사용할 수 있다. 하드웨어 지갑은 USB처럼 생긴 장치로, 인터넷에 연결되지 않아 해킹 위험이 적다. 개인 지갑으로 비트코인을 옮기려면, 거래소에서 출금 버튼을 클릭하고, 개인 지갑 주소를 입력하면 된다. 기업은 보안 강화를 위해 다중 서명 지갑(Multisig)을 사용하는 것도 고려해야 한다.

비트코인 투자 전략 세우기

비트코인에 투자할 때는 투자 전략을 세우는 것이 중요하다. 예를 들어 비트코인을 장기적으로 보유할 것인지, 단기적으로 매매할 것인지 결정해야 한다. 장기적으로 보유할 경우엔 비트코인의 가격이 오를 때까지 기다리며, 단기적으로 매매할 경우엔 가격 변동에 따라 매수와 매도를 반복해 수익을 얻을 수 있다. 기업은 투자 목표와 리스크 관리 방안을 명확히 설정하고, 이를 기반으로 한 전략을 실행해야 한다.

이와 같은 단계를 통해 기업은 비트코인에 대한 투자를 준비하고, 안전하게 보유하며, 효과적으로 관리할 수 있다. 철저한 준비와 전략 수립이 성공적인 투자의 열쇠가 된다.

4-15
법인이 비트코인을
사는 방법

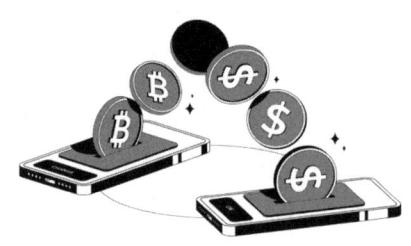

    법인이 비트코인을 구매하거나 거래할 수 있는 방법을 상세히 설명하겠다. 현재 국내에서는 법인이 직접 거래소에 가입하여 비트코인을 구매하는 데 제약이 있지만, 몇 가지 대안적인 방법이 있다.

OTC 거래

    OTC(Over-The-Counter) 거래는 간단히 말해, 비트코인 같은 가상자산을 거래소를 통하지 않고 개인이나 기관 간에 직접 거래하는 방식을 말한다. 이런 거래는 주로 대규모 거래를 할 때 많이 사용된다. 그 이유는 거래소에서 대규모로 비트코인을 사거나 팔면 유동성 문제나 가격 변동 때문에 불리할 수 있기 때문이다. 그러면 이제 OTC 거래의 절차를 하나씩 살펴보겠다.

1) OTC 브로커 선택

먼저, 신뢰할 수 있는 OTC 브로커를 선택하는 것이 중요하다. OTC 브로커는 대규모 거래를 중개해 주는 역할을 한다. 신뢰할 수 있는 브로커를 찾으려면, 이전 거래 기록이나 평판을 조사하는 것이 좋다. 또한 브로커가 제공하는 서비스와 수수료를 비교해 보는 것도 중요하다. 이런 과정을 통해 신뢰할 수 있고, 유리한 조건을 제공하는 브로커를 선택해야 한다.

2) 계약 체결

법인과 브로커 간에 계약을 체결한다. 이 계약에는 거래의 세부 사항, 예를 들어 거래 금액, 수수료, 거래 시점 등이 포함된다. 계약서를 꼼꼼히 읽고, 필요한 사항들을 모두 확인한 후 계약을 체결해야 한다. 계약을 체결할 때는 법적인 문제나 분쟁이 발생할 가능성을 최소화하기 위해 변호사의 도움을 받는 것도 좋은 방법이다.

3) 거래 진행

계약이 체결되면, 이제 본격적으로 거래를 진행한다. 법인은 브로커를 통해 비트코인을 구매한다. 이 과정에서 브로커는 법인의 지갑 주소로 비트코인을 전송해 준다. 거래가 완료되면, 법인은 브로커에게 약속한 대금을 지불한다. 이때, 거래가 안전하게 이루어졌는지 확인하기 위해 거래 내역을 꼼꼼히 검토하는 것이 중요하다.

OTC 거래는 대규모 비트코인 거래를 안전하게 진행할 수 있는 방법이다. 이를 통해 법인은 비트코인을 안전하게 구매하고, 보유할 수 있다.

국내 가상자산 OTC 거래 사이트

국내에서 법인이 비트코인을 안전하게 거래할 수 있는 OTC 거래 사이트에 대해 알아보겠다.

1) 코빗 OTC

코빗은 국내 대표적인 암호화폐 거래소 중 하나로, OTC 거래 서비스를 제공한다. 코빗 OTC는 대규모 거래를 중개하며, 거래소의 유동성 문제를 피할 수 있다. 또한 다양한 암호화폐를 지원하며, 안전한 거래 환경을 제공한다. 코빗 OTC의 주요 특징은 다음과 같다.

• 대규모 거래 중개: 코빗 OTC는 주로 대규모 거래를 중개하는 역할을 한다. 일반적인 거래소에서는 거래량이 많을 경우 유동성 문제가 발생할 수 있는데, 코빗 OTC를 이용하면 이런 문제를 피할 수 있다. 대규모 거래를 할 때, 시장에 미치는 영향을 최소화하면서 안정적으로 거래를 진행할 수 있다. 예를 들어 기관 투자

자가 한꺼번에 많은 양의 비트코인을 사고 팔 때, 거래소에서는 가격이 급변할 수 있지만, OTC를 이용하면 이러한 리스크를 줄일 수 있다.

- 다양한 암호화폐 지원: 코빗 OTC는 비트코인뿐만 아니라 이더리움 등 다양한 암호화폐를 지원한다. 여러 종류의 암호화폐를 거래하려는 사용자에게 유리하다. 다양한 옵션을 제공하기 때문에 투자 포트폴리오를 다양하게 구성할 수 있다. 예를 들어 한 사용자가 비트코인, 이더리움, 다른 알트코인을 동시에 거래하고 싶다면 코빗 OTC를 이용하면 한 곳에서 모든 거래를 해결할 수 있다.

- 안전한 거래 환경: 코빗은 보안 시스템이 잘 갖추어져 있어서 안전한 거래 환경을 제공한다. 거래소 자체의 보안뿐만 아니라, OTC 거래의 경우에도 엄격한 보안 절차를 통해 거래가 안전하게 이루어진다. 해킹이나 사기 등의 위험으로부터 사용자를 보호할 수 있는 시스템을 갖추고 있어서 안심하고 거래할 수 있다. 예를 들어 두 단계 인증(2FA)이나 암호화된 지갑 관리 등을 통해 거래의 안전성을 보장해 준다.

- 국내 사용자 기반: 코빗 OTC는 국내 사용자들이 주로 이용하며, 한국어 지원이 잘되어 있다. 국내 사용자들에게 친숙한 인터페이스와 고객 지원을 제공하기 때문에, 사용자가 편리하게 이용할 수 있다. 예를 들어, 거래 중 문제가 발생했을 때 한국어로 된 고객 지원 서비스를 받을 수 있기 때문에 빠르게 문제를 해결할 수 있다.

2) 업비트 OTC

업비트는 국내 최대의 암호화폐 거래소로, OTC 거래 서비스를 제공한다. 업비트 OTC는 대규모 거래를 중개하며, 거래소의 유동성 문제를 피할 수 있다. 또한 다양한 암호화폐를 지원하며, 안전한 거래 환경을 제공한다. 업비트 OTC의 주요 특징은 다음과 같다.

• 대규모 거래 중개: 업비트 OTC도 코빗과 마찬가지로 대규모 거래를 중개하는 역할을 한다. 거래소에서 대규모 거래를 할 때 발생할 수 있는 유동성 문제를 피할 수 있다는 점에서 비슷하다. 하지만 업비트 OTC는 거래소 자체의 규모와 유동성 측면에서 더 강력한 장점을 가지고 있다. 업비트는 국내에서 가장 큰 거래소로, 더욱 많은 사용자와 높은 거래량을 자랑한다. 그래서 더 큰 거래를 안정적으로 처리할 수 있는 역량을 가지고 있다. 대규모 거래를 할 때 시장에 미치는 영향을 최소화하면서 효율적으로 거래를 진행할 수 있다.

• 다양한 암호화폐 지원: 업비트는 코빗보다도 더 많은 암호화폐를 지원하는 것으로 유명하다. 그만큼 다양한 암호화폐를 거래하고 싶은 사용자들에게는 업비트가 더 많은 선택지를 제공해 준다. 예를 들어 특정 알트코인을 거래하고 싶을 때, 업비트 OTC에서는 이를 쉽게 찾을 수 있는 것이다. 이런 점에서 더 많은 옵션을 제공하기 때문에, 투자 포트폴리오를 다양하게 구성하려는 사용

자에게 유리하다.

• 안전한 거래 환경: 업비트는 보안 시스템을 계속 강화하고, 지속적으로 업데이트하고 있다. 예를 들어 두 단계 인증(2FA), 지갑 암호화, 실시간 모니터링 등의 보안 기능을 통해 사용자 자산을 안전하게 보호해 준다. 이렇게 엄격한 보안 절차를 통해 해킹이나 사기 등의 위험을 최소화할 수 있다.

• 국내 사용자 기반: 업비트 OTC는 국내 사용자들이 주로 이용하며, 한국어 지원이 잘되어 있다. 이 부분은 코빗과 비슷하지만, 업비트는 더 많은 사용자 기반을 가지고 있다. 더 많은 사용자를 보유했기 때문에 사용자 간의 커뮤니티나 정보 공유가 활발하게 이루어지는 장점이 있다. 거래 중 문제가 발생했을 때도 빠르게 해결할 수 있는 고객 지원 시스템을 갖췄다.

이렇듯 법인은 코빗과 업비트 OTC 거래소를 활용하여 안전하고 효율적으로 비트코인을 거래할 수 있다. 두 거래소의 특성과 장점을 잘 이해하고, 자신의 투자 목적에 맞는 거래소를 선택하는 것이 중요하다.

국외 가상자산 OTC 거래 사이트

1) 바이낸스 OTC

바이낸스는 법인 계정을 지원한다. 법인 계정을 생성하려면 사업자등록증, 법인 정관, 대표자 신분증 등의 서류를 제출해야 한

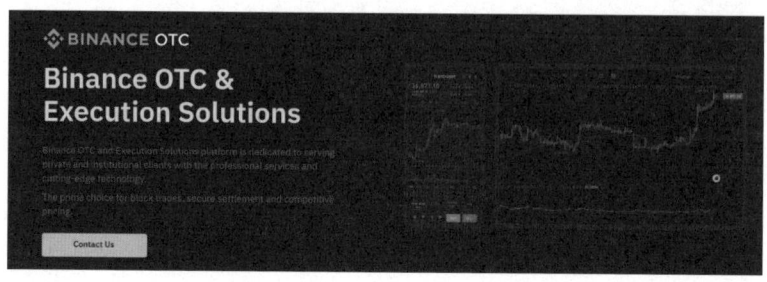

다. 법인 계정을 통해 비트코인을 포함한 다양한 암호화폐를 거래할 수 있다. 바이낸스는 글로벌 사용자 기반을 가지고 있으며, 다양한 언어를 지원한다.

2) 크라켄 OTC

크라켄도 법인 계정을 지원한다. 법인 계정을 생성하려면 사업자등록증, 법인 정관, 대표자 신분증 등의 서류를 제출해야 한다. 크라켄은 미국 규제를 준수하며, 다양한 암호화폐를 거래할 수 있는 안전한 환경을 제공한다.

3) 제미니 OTC

제미니 역시 법인 계정을 지원한다. 법인 계정을 생성하려면 사업자등록증, 법인 정관, 대표자 신분증 등의 서류를 제출해야 한다. 제미니는 미국 규제를 준수하며, 안전한 거래 환경을 제공한다.

국외 거래소 이용법

• 국외 거래소 선택: 법인 계정을 지원하는 국외 거래소를 선택해야 한다. 유명한 국외 거래소로는 바이낸스, 크라켄 등이 있다. 이 두 거래소는 글로벌 시장에서 인지도가 높고, 보안 시스템도 잘 갖추어져 많은 사람들이 이용한다. 거래소를 선택할 때는 그 거래소의 신뢰도, 수수료, 지원하는 암호화폐의 종류 등을 고려해

야 한다. 신뢰할 수 있는 거래소를 선택하는 것이 중요하다.

- 계정 생성: 거래소를 선택했다면, 이제 법인 계정을 생성해야 한다. 개인 계정이 아니라 법인 계정을 만들어야 하는 이유는 거래의 투명성과 신뢰성을 높이기 위해서다. 법인 계정을 만들기 위해서는 몇 가지 서류가 필요하다. 대표적으로 사업자등록증, 법인 정관, 법인 대표자의 신분증 등이 있다. 이런 서류들을 준비해서 거래소에 제출하면 된다. 각 거래소마다 요구하는 서류가 조금씩 다를 수 있으니, 거래소의 안내를 잘 확인해야 한다.

- 계정 인증: 서류를 제출했다면, 이제 계정 인증 절차를 거쳐야 한다. 거래소에서는 제출한 서류를 확인하고, 법인 계정을 인증해 줄 것이다. 이 과정에서 서류가 정확하지 않거나 문제가 있다면 추가 서류를 요청받을 수 있다. 인증 절차가 완료되면, 법인 계정이 활성화되고 거래를 시작할 수 있다.

- 원화 입금: 계정이 활성화되었다면, 이제 원화를 입금해야 한다. 거래소의 안내에 따라 법인 계좌에서 거래소 계좌로 원화를 송금하면 된다. 이 과정에서 거래소가 제공하는 입금 정보를 정확히 확인하고, 잘못된 계좌로 송금하지 않도록 주의해야 한다. 원화가 거래소 계좌에 입금되면, 계정 잔액에 반영될 것이다.

- 비트코인 구매: 원화가 계정에 입금되었다면, 이제 비트코인을 구매할 수 있다. 거래소의 매수 주문 화면에서 원하는 금액만큼 비트코인을 구매하면 된다. 이때, 시장 가격에 매수할 수도 있고, 원하는 가격에 맞춰서 지정가 주문을 할 수도 있다. 비트코인

구매가 완료되면, 법인 계정의 지갑에 비트코인이 저장될 것이다.

• 비트코인 관리: 비트코인을 구매한 후에는 이를 안전하게 관리해야 한다. 거래소의 지갑에 그대로 두는 것도 좋지만, 더 안전하게 관리하고 싶다면 하드웨어 지갑이나 콜드 월렛으로 옮기는 것도 방법이다. 이렇게 하면 해킹이나 도난의 위험을 줄일 수 있다.

법인 명의의 개인 계정 이용

법인이 직접 거래소에 가입할 수 없을 때, 법인 대표자나 임원의 개인 계정을 통해 비트코인을 구매하는 방법이 있다. 이렇게 하면 법적 문제를 피하면서 비트코인을 법인 자산으로 만들 수 있다. 이 방법은 법인이 아닌 개인 명의로 비트코인을 구매하고, 그 후 법인으로 이전하는 방식이다.

먼저, 법인 대표자나 임원의 개인 계정을 거래소에 생성한다. 예를 들어 대표자나 임원의 이름으로 거래소에 가입하고 개인 계정을 만드는 것이다. 개인 계정이 생성되면, 원화를 입금해서 비트코인을 구매한다. 이때, 구매한 비트코인을 법인 지갑으로 전송해 주어야 한다. 이렇게 해서 비트코인이 법인 자산이 된다.

이 과정에서 중요한 것이 계약 및 증빙이다. 개인과 법인 간의 거래를 투명하게 처리하기 위해서는 몇 가지 절차를 거쳐야 한다. 먼저, 개인과 법인 간에 가상자산 거래에 대한 계약서를 작성해야 한다. 계약서에는 가상자산 구매 및 보유 목적, 거래 금액과 수량,

구매 및 이전 방법, 개인과 법인의 책임 및 의무, 분쟁 해결 방법 등이 포함되어야 한다. 이렇게 작성된 계약서는 이후 분쟁이 발생했을 때 중요한 증거가 되기도 한다.

또한 가상자산 거래에 대한 증빙 서류를 준비해야 한다. 증빙 서류에는 거래 내역서, 법인 자금의 송금 영수증, 개인 지갑과 법인 지갑 주소 등이 포함되어야 한다. 이를 통해 거래가 투명하게 이루어졌다는 것을 증명할 수 있다. 그리고 법인 내부에서 가상자산 거래에 대한 결재를 받아야 한다. 거래 승인 절차를 거쳐 결재 서류를 작성하고, 결재 내역을 기록하고 보관해야 한다. 이렇게 하면 법인 자금의 유출로 인한 위험 부담을 줄일 수 있다.

4-16

법인이 가상자산 ETF에
투자하는 방법

최근 비트코인 같은 가상자산에 대한 관심이 뜨거워지면서, 이와 관련된 새로운 투자 방식인 ETF 시장이 전 세계적으로 주목받는다. 직접 비트코인을 사고파는 것 외에, ETF를 통해 비트코인에 간접적으로 투자하는 방법은 무엇인지, 그리고 국내와 국외에서는 어떤 차이가 있는지 자세히 알아보자.

가상자산과 ETF, 왜 알아야 할까?

새로운 시대의 금융을 이해하기 위해서는 가상자산과 ETF라는 두 가지 중요한 개념을 알아두는 것이 필수적이다. 이들은 현대 투자 환경에서 점점 더 큰 비중을 차지하기 때문이다.

1) ETF는 무엇일까?

ETF는 'Exchange Traded Fund'의 줄임말로, 우리말로는 '상장 지수 펀드'라고 부른다. 이는 여러 주식이나 채권, 원자재 등을 한 바구니에 묶어놓은 '펀드'를 말하는데, 이 펀드를 마치 일반 '주식'처럼 증권 시장에서 실시간으로 사고팔 수 있는 상품이다. 여러 종류의 과일을 한 바구니에 담아 파는 것과 비슷하다고 생각할 수 있다.

ETF는 특정 지수(예: 코스피 200 지수)나 특정 자산(예: 금, 원유, 비트코인)의 가격 움직임과 수익률이 연동되도록 설계된 집합 투자 기구다. 일반적인 펀드(뮤추얼 펀드)와는 중요한 차이가 있다. 뮤추얼 펀드는 투자자가 직접 펀드 운용사에 가입하고 환매를 신청하는 방식으로 운용되지만, ETF는 증권 거래소에 상장되어 주식처럼 자유롭게 매매할 수 있다. 즉, 투자자는 ETF 운용사와 직접 거래하는 것이 아니라, 거래소에서 원하는 시간에 ETF를 사고팔 수 있다. 이러한 '주식처럼 거래되는' ETF의 특징은 전통적인 펀드보다 훨씬 더 매력적인 요소로 작용한다. 특히 즉각적인 디지털 거래에 익숙한 젊은 투자자들에게는 이러한 유동성과 접근 용이성이 큰 장점으로 다가온다. 전통적인 펀드는 매수·매도 마감 시간이 정해져 있고, 결제까지 며칠이 소요될 수 있지만, ETF는 장중에도 실시간으로 거래가 가능하여 투자자가 시장 변화에 빠르게 대응할 수 있도록 돕는다.

ETF 시장에서는 'AP(공인 참가자)'라는 특별한 기관이 중요한 역할을 한다. 이들은 ETF의 신규 발행과 상환을 유동적으로 조절하여, ETF의 시장 가격이 펀드가 보유한 실제 자산의 가치(순자산가치, NAV)와 크게 차이 나지 않도록 돕는다. 만약 ETF 가격이 기초 자산의 가치에서 크게 벗어난다면 투자자들은 해당 상품에 대한 신뢰를 잃을 수 있다. AP는 시장 조성자 역할을 하며, ETF 주식을 생성하거나 상환하여 이러한 가격 차이를 차익 거래를 통해 해소한다. 이 과정은 ETF의 시장 가격이 실제 자산 가치와 밀접하게 일치하도록 보장하여, 투자자들이 공정한 가격으로 매매하고 있다는 확신을 제공한다. 이러한 메커니즘은 ETF가 광범위한 대중에게 신뢰할 수 있는 금융 상품으로 여겨질 수 있게 한다.

ETF는 여러 면에서 투자자에게 유리한 장점을 제공한다. 개별 기업 주식처럼 편리하게 거래할 수 있을 뿐만 아니라, 여러 자산에 분산 투자하는 효과를 동시에 누릴 수 있다. 예를 들어 S&P500 지수를 추종하는 ETF에 투자하면 미국 증시를 대표하는 500개 종목에 자동으로 분산 투자하는 것과 같은 효과를 얻을 수 있다. 또한 기존의 주식형·채권형 펀드에 비해 수수료율도 더 낮은 경우가 많다. 절세 효과를 누릴 수 있는 연금계좌나 개인종합자산관리계좌(ISA)에서는 외국 주식에 직접 투자하는 것이 불가능하지만, ETF를 통한 투자는 가능하여 세금 혜택을 활용할 수 있다는 점도 큰 장점이다.

2) 직접 투자와 간접 투자의 차이점

투자에서 '직접 투자'와 '간접 투자'는 매우 중요한 개념이다. 이 둘의 차이를 이해하는 것은 여러분이 어떤 방식으로 비트코인에 접근할지 결정하는 데 도움이 될 것이다.

직접 투자는 여러분이 비트코인 자체를 직접 구매하여 개인 지갑에 보관하고 관리하는 것을 말한다. 이는 마치 농구 선수가 직접 코트에서 공을 잡고 뛰면서 경기에 참여하는 것과 같다. 비트코인을 직접 소유하고 관리하는 모든 책임과 권한이 투자자 본인에게 있다. 비트코인 거래소를 통해 직접 계좌를 개설하고 비트코인을 매수하며, 이후 가격 변동에 따라 직접 매도하는 방식이다.

반면 간접 투자는 비트코인을 직접 사서 보관하지 않고, 비트코인 가격의 움직임을 따라가도록 설계된 다른 금융 상품에 투자하는 방식이다. 비트코인 ETF가 바로 이러한 간접 투자의 대표적인 형태다. 이는 농구 경기를 직접 뛰는 대신, 관중석에서 경기를 관람하고 응원하는 것과 비슷하다고 할 수 있다. 비트코인 ETF는 "비트코인에 간접 투자하는 형태"로 정의된다.

간접 투자의 가장 큰 장점 중 하나는 바로 편리함이다. 가상자산 거래소에 별도의 계좌를 만들 필요 없이, 이미 사용하고 있는 증권사 계좌를 통해 비트코인에 투자할 수 있는 '보다 간편한 길'인 셈이다. 이러한 편리함은 전통적인 투자자들에게 가상자산 시장으로의 진입 장벽을 크게 낮춘다. 많은 전통적인 투자자들, 특히 기관 투자자나 기술에 덜 익숙한 개인 투자자들은 기존 증권사 계좌와 규제된 거래 환경을 더 편안하게 생각한다. 암호화폐 직접 투자는 종종 새로운 암호화폐 거래소 계좌 개설, 디지털 지갑 이해, 개인 키 관리 등 복잡한 과정을 수반하는데, 이는 일부 투자자에게는 부담으로 느껴질 수 있다. ETF는 이러한 복잡성을 제거하여 투자자들이 기존 금융 인프라를 활용할 수 있도록 함으로써, 암호화폐 노출에 대한 잠재적 투자자 기반을 확대하는 효과를 가져온다. 이는 금융 산업이 직접 암호화폐 거래소와 거래하는 것을 주저하는 더 넓은 시장을 포착하기 위한 전략적인 움직임이라고 볼 수 있다.

3) 비트코인 ETF, 간접 투자의 새로운 문

비트코인 ETF의 등장은 가상자산 투자 방식에 있어 중요한 전환점을 마련했다. 이는 많은 투자자들에게 비트코인 시장에 참여할 수 있는 새로운 문을 열어주었다.

그렇다면 비트코인 ETF란 무엇일까? 비트코인 ETF는 비트코인의 가격 움직임을 따라가도록 만들어진 펀드를 주식처럼 증권시장에서 사고팔 수 있는 상품이다. 즉, 투자자가 비트코인을 직접 구매하거나 보관하는 번거로움 없이 비트코인 가격 변동에 따른 투자 효과를 누릴 수 있게 해준다. 과거에는 가상자산의 실체 불분명, 가격 산정의 어려움, 높은 변동성 등의 이유로 금융 상품으로 인정받기 어려웠지만, 가상자산 이용자가 급증하는 등 환경이 변화하면서 암호화폐를 기초자산으로 하는 현물 ETF를 승인하는 나라들이 등장하기 시작했다.

비트코인 ETF의 등장은 가상자산이 '투기성 자산'이라는 인식에서 벗어나 '제도권 금융 상품'으로 편입되고 '주류화'되는 중요한 단계를 의미한다. 이는 비트코인을 기존의 틈새 시장이자 비규제 거래소에서 전통적이고 규제된 금융 시장으로 이동시키는 역할을 한다. 오랫동안 비트코인은 주로 전문 플랫폼에서 거래되는 비규제적이고 변동성이 큰 자산으로 여겨졌다. 하지만 블랙록, 피델리티 같은 세계적인 전통 금융 기관들이 주요 증권 거래소에서 비트코인 ETF를 승인받고 거래를 시작하면서, 비트코인은 자산군으로서의 합법성을 인정받고 신뢰성을 얻게 되었다. 이는 기관 투자자를 포함한 더 넓은 범위의 투자자들에게 비트코인을 더욱 매력적으로 만들며, 단순히 새로운 상품의 출시를 넘어선 규제적 승인을 의미한다. 이러한 변화는 상당한 기관 자본을 유치하고 암호화폐를 주류 금융 시스템에 더욱 통합할 잠재력을 가진다.

4) 현물 ETF와 선물 ETF의 차이

비트코인 ETF는 크게 '현물 ETF'와 '선물 ETF' 두 가지 형태로 나눌 수 있다. 이 둘의 차이를 이해하는 것은 어떤 ETF에 투자할지 결정하는 데 매우 중요하다.

• 현물 ETF(Spot ETF): 현물 ETF는 비트코인 '현물'을 직접 사서 보관하면서 그 가격을 따라가도록 설계된 ETF다. 즉, 펀드 운

용사가 실제 비트코인을 구매하여 보유하고, 이 비트코인의 가격 변동에 따라 ETF의 가치가 움직이는 방식이다. 따라서 비트코인 자체의 움직임을 가장 가깝게, 직접적으로 추종하는 경향이 있다.

- 선물 ETF(Futures ETF): 선물 ETF는 비트코인 '선물 계약'에 투자하는 ETF다. 선물 계약은 미래의 특정 시점에 특정 가격으로 비트코인을 사고팔기로 미리 약속하는 계약인데, 이 계약의 가격 변동을 따라가도록 설계된다. 대표적인 예시로는 미국 시카고 상품거래소(CME)에서 거래되는 비트코인 선물을 기초 자산으로 하는 '프로셰어즈 비트코인 스트래티지(BITO)'가 있다. 선물 기반 ETF는 실제 비트코인을 직접 보유하지 않고 선물 계약을 통해 가격 변동을 추종하기 때문에, 현물 가격과 약간의 차이가 발생할 수 있으며, '롤오버 비용'이라는 추가 비용이 발생할 수 있다. 롤오버 비용은 선물 계약의 만기가 도래했을 때, 다음 만기의 선물 계약으로 교체(롤오버)하는 과정에서 발생하는 비용을 의미한다. 또한, 선물 시장의 구조에 따라 현물 가격과의 추적 오차가 발생할 가능성이 있다.

현물 ETF와 선물 ETF의 이러한 구분은 비트코인에 간접적으로 노출되는 방식의 미묘한 차이를 이해하는 데 중요하다. 선물 ETF는 롤오버 비용과 잠재적인 추적 오차와 같은 추가적인 복잡성을 수반하므로, 투자자들은 보통 더 나은 가격 추적을 제공하고 선물 계약과 관련된 복잡성과 비용을 피할 수 있는 실물 기반 상

품을 선호한다. 현물 기반 ETF는 실제 기초 자산을 보유함으로써
이러한 문제를 피하여, 비트코인 가격 움직임에 대한 더 직접적이
고 종종 더 정확한 가격 상관관계를 제공하며, 이는 일반적으로
투자자들이 순수한 비트코인 노출을 추구할 때 더 바람직하다.

5) 왜 비트코인 ETF에 투자할까?

비트코인 ETF 투자는 여러 가지 매력적인 장점을 제공한다.

• 편리함: 비트코인 ETF는 비트코인 거래소에 별도의 계좌를
만들 필요 없이, 기존에 사용하던 증권사 계좌를 통해 일반 주식
처럼 쉽게 사고팔 수 있다. 이는 가상자산 투자에 대한 접근성을
크게 높여준다.

• 분산 투자 효과: ETF는 여러 자산을 묶어 놓은 펀드의 형태
이므로, 비트코인 ETF는 비트코인에 집중 투자하는 효과를 내면
서도 펀드라는 형태로 분산 투자와 유사한 이점을 누릴 수 있다.

• 제도권 편입: 비트코인 ETF는 증권 시장에서 거래되는 정식
금융 상품이기 때문에, 정부의 규제를 더 철저하게 받는다. 이는
투자자 보호 측면에서 직접 가상자산 거래소를 이용하는 것보다
더 안전하다고 인식될 수 있다. 자산이 덜 규제된 환경(암호화폐 거
래소)에서 고도로 규제된 환경(ETF를 통한 증권 거래소)으로 이동하
면 합법성과 인식된 안전성이 한층 더해진다. 이는 규제 준수와
투자자 보호를 우선시하는 투자자들을 끌어들여, 기본 자산에 대

한 더 큰 자본 유입과 시장 안정성을 잠재적으로 가져올 수 있다.

• 기관 투자자 유입: ETF는 제도권 금융 상품으로 분류되므로, 대형 기관 투자자들이 쉽게 투자할 수 있게 된다. 이는 더 많은 자금이 가상자산 시장으로 유입될 가능성을 높여 시장의 유동성과 안정성에 긍정적인 영향을 미칠 수 있다.

• 세금 혜택(특정 계좌): 국내 연금계좌나 개인종합자산관리계좌(ISA)에서는 외국 주식에 직접 투자하는 것이 불가능하지만, ETF를 통한 투자는 가능하여 절세 효과를 누릴 수 있다. 많은 투자자들은 이미 전통적인 증권사와 관계를 맺고 있으며, 세금 혜택이 있는 은퇴 또는 저축 계좌를 활용한다. 이러한 익숙한 채널을 통해 비트코인 노출을 허용함으로써, ETF는 직접적으로 암호화폐를 접하지 않았을 수 있는 방대한 자본 풀을 활용한다. 이러한 편의성은 가상자산 투자의 대중화를 이끄는 강력한 동인이 된다.

6) 비트코인 ETF의 단점은 무엇일까?

비트코인 ETF는 여러 장점이 있지만, 투자하기 전에 반드시 고려해야 할 단점들도 있다.

• 높은 수수료: 비트코인 ETF는 일반 가상자산 거래소에서 직접 비트코인을 살 때보다 수수료가 더 비쌀 수 있다. 미국 비트코인 ETF의 연간 수수료율은 0.2%~1.5% 수준인데 반해, 국내 가상자산 거래소의 수수료율은 0.05%~0.2%에 그치거나 수수료를

받지 않는 곳도 많다.

- 세금 부담: 국외 비트코인 ETF에 투자하여 수익이 발생하면, 외국 주식 양도소득세가 적용된다. 이는 연간 250만 원을 초과하는 수익에 대해 22%의 세금을 내야 한다는 의미다. 현재 가상자산 자체의 매매 차익은 2026년 말까지는 비과세이며, 2027년부터 소득세가 예정되어 있다. 따라서 세금 측면에서는 ETF를 통한 간접 투자가 직접 거래보다 불리할 수 있다. ETF의 높은 수수료와 불리한 세금 처리는 투자자에게 상충 관계를 만든다. ETF는 편의성과 합법성을 제공하지만, 특히 단기 수익이나 낮은 거래 비용에 중점을 둔 특정 개인에게는 직접적인 암호화폐 투자가 더 매력적일 수 있는 직접적인 재정적 비용이 따른다. 투자자들은 편의성과 규제 감독의 이점을 더 높은 비용 및 세금 영향과 비교하여 고려해야 한다.

- 거래 시간 제한: 비트코인은 24시간 내내 언제든지 사고팔 수 있지만, ETF는 증권 시장이 열린 시간에만 거래가 가능하다. 이는 증권 시장이 닫힌 동안 비트코인 가격이 크게 변동할 경우, 투자자가 즉시 대응할 수 없다는 한계로 작용한다. 이러한 거래 시간의 불일치는 ETF 투자자에게 잠재적인 '갭 리스크'를 야기한다. 전통적인 증권 시장 시간 외에 암호화폐 시장에서 상당한 가격 변동이 발생하면, ETF 보유자는 즉시 대응할 수 없어 잠재적인 야간 손익이 발생할 수 있다.

- 환율 변동성: 국외 ETF에 투자할 경우, 해당 국가의 통화와

원화 간의 환율 등락에 따라 총 수익이 영향을 받을 수 있다. 이는 비트코인 가격 변동 외에 추가적인 위험 요소로 작용할 수 있다.

국외 가상자산 ETF 시장 들여다보기

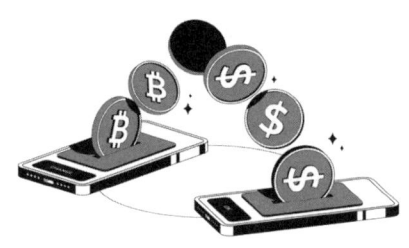

전 세계적으로 가상자산 ETF 시장은 빠르게 성장하고 있으며, 특히 미국, 캐나다, 유럽이 이 시장을 주도한다. 각 지역마다 규제 환경과 상품의 특징이 조금씩 다르다.

미국: 비트코인 현물 ETF 승인과 주요 상품들

미국은 세계 금융 시장의 중심이며, 최근 비트코인 현물 ETF를 대거 승인하면서 가상자산 시장에 엄청난 변화를 가져왔다. 2024년 1월 10일(현지 시간), 미국 증권거래위원회(SEC)는 비트코인 현물 ETF 11종목을 승인했다. 이는 가상자산에 대한 규제 인식이 투기적인 '와일드 웨스트(Wild West)' 자산에서 합법적인 금융 상품으로 크게 변화했음을 의미하는 중요한 사건이다. 이러한 합법화는 글로벌 시장에 강력한 신호를 보낸다. 수년 동안 SEC는 시장 조작 및 투자자 보호에 대한 우려로 현물 비트코인 ETF 승인을 거부해 왔다. 여러 주요 플레이어에 대한 최종 승인은 시장의 성숙과 기본 자산의 무결성에 대한 신뢰 증가를 나타낸다.

블랙록, 그레이스케일, 피델리티, 발키리, 아크21 셰어스, 인베스코갤럭시, 반에크, 위즈덤트리, 비트와이즈, 해시덱스, 프랭클린 템플턴 등 세계적인 자산 운용사들이 비트코인 현물 ETF를 출시했다. 이러한 주요 전통 금융 기관들이 ETF 출시에 참여하는 것은 전통 금융(TradFi)과 분산형 금융(DeFi) 간의 광범위한 융합 추세를 강조한다. 이들 기업은 광범위한 유통망, 마케팅 능력 및 투자자 신뢰를 가져와 가상자산의 채택을 크게 가속화할 수 있다. 블랙록과 피델리티는 투자 분야에서 잘 알려진 이름이며, 암호화폐 ETF 시장에 진출하는 것은 단순히 상품을 제공하는 것을 넘어, 그들의 브랜드 명성과 기존 고객 관계를 활용하여 수백만 명의 투자자들에게 암호화폐 노출을 제공하는 것이다. 이는 금융 기관이 디지털자산을 전략적으로 수용하고 있음을 나타내며, 투자 패러다임의 장기적인 변화를 시사한다.

비트코인에 이어 2024년 7월에는 이더리움 현물 ETF 거래도 승인되었다. 이는 가상자산이 점점 더 제도권 금융 시스템 안으로 편입되고 있음을 보여주는 또 다른 증거이다.

미국 주요 비트코인 현물 ETF 목록

번호	티커	종목명
1	IBIT	iShares Bitcoin Trust
2	GBTC	Grayscale Bitcoin Trust
3	BRRR	Valkyrie Bitcoin Fund
4	BTCO	Invesco Galaxy Bitcoin ETF
5	HODL	VanEck Bitcoin Trust
6	BTCW	Wisdom Tree Bitcoin Trust
7	ARKB	ARK Incest 21Shares Bitcoin ETF
8	BITB	Bitwise Bitcoin ETP Trust
9	FBTC	Fidelity Wise origin Bitcoin Trust
10	EZBC	Franklin Bitcoin ETF
11	DEFI	Hashdex Bitcoin ETF

캐나다: 현물 ETF 시장의 선두 주자

미국보다 먼저 비트코인 현물 ETF를 승인하고 출시하여 이 시장을 이끌어온 나라는 바로 캐나다이다. 캐나다는 세계 비트코인 ETF 시장을 주도해 왔으며, 2021년 2월 현지 자산운용사 퍼포스 인베스트먼츠가 출시한 '퍼포스 비트코인 ETF(BTCC)'는 세계 최초의 비트코인 현물 ETF로 유명하다. 이 ETF는 토론토증권거래소(TSE)에서 활발하게 거래된다.

캐나다가 현물 비트코인 ETF를 승인하는 초기 리더십을 보인 것은 미국에 비해 더 진보적인 규제 입장을 보여준다. 이는 글로벌 규제 차이를 강조하며, 이러한 상품의 실현 가능성과 수요에 대한 사례 연구 역할을 한다. 미국이 더 큰 시장이지만, 캐나다의 선제적인 접근 방식은 현물 암호화폐 ETF에 대한 선점 이점을 확보하고 시험적인 역할을 할 수 있도록 했다. 캐나다 비트코인 ETF는 유입량이 사상 최고치를 기록하는 등 현물 기반 상품이 시장을 주도했다. 이러한 성공과 높은 유입량은 다른 규제 기관에 경험적 증거를 제공하여, 미국과 같은 더 큰 시장에서의 후속 결정에 영향을 미쳤을 수 있다. 이는 작고 민첩한 관할권이 새로운 금융 부문에서 어떻게 혁신하고 선례를 세울 수 있는지를 보여준다. 피델리티 어드밴티지 비트코인 ETF(Fidelity Advantage Bitcoin ETF) 같은 상품도 캐나다에서 활발히 운용된다.

유럽: ETP의 활약

유럽에서는 비트코인 관련 상품이 'ETF'보다는 'ETP(Exchange Traded Product)'나 'ETC(Exchange-Traded Commodities)'라는 이름으로 많이 거래된다. 이는 유럽의 규제 환경상 단일 자산에 대한 ETF를 보유하는 것이 규정에 어긋나는 경우가 많기 때문이다. 하지만 21셰어스의 CEO는 이러한 이름 짓기가 크게 중요하지 않다고 강조하며, 투자자들은 궁극적으로 암호화폐가 물리적인 뒷받침이 가능한 것에 접근해야 하며 이를 가장 의미 있게 포장하는 것을 원한다고 언급했다.

유럽 시장이 단일 자산 암호화폐 노출을 위해 전통적인 ETF 대신 ETP를 선호하는 것은 규제상의 미묘한 차이에 의해 주도되며, 이는 다양한 관할권이 새로운 자산군에 기존 금융 프레임워크를 어떻게 적용하는지 보여준다. 유럽 규정(예: UCITS 지침)은 종종 ETF가 보유할 수 있는 자산의 다각화 및 유형에 대한 엄격한 규칙을 가지고 있어 비트코인과 같은 단일 자산 ETF를 출시하기 어렵게 만든다. ETP는 더 넓은 범주이므로 더 많은 유연성을 제공한다. 이러한 규제 차이는 대륙별로 관찰되는 명명법 및 상품 구조의 차이를 설명한다.

유럽에서 거래되는 대부분의 ETP는 비트코인 현물을 직접 보유(Physically backed)하여 가격을 추종하는 특징이 있다. 이는 미국 증권 시장의 그레이스케일 비트코인 트러스트(GBTC)나 선물 ETF가 기초자산 추적이 불완전하다는 점에서 투자자들에게 불만을 사는 것과 달리, ETP는 기초자산을 물리적으로 뒷받침하기 때문에 투자자들의 니즈에 보다 부합한다고 평가받는다. 유럽에서 '실물 기반(Physically backed)' ETP가 널리 보급되어 있다는 점은 현물 ETF와 유사하게 기초 자산에 대한 직접적인 노출에 대한 투자자 수요를 직접적으로 충족시킨다. 이는 규제상의 우회(ETF 대신 ETP 사용)에도 불구하고 시장의 선호도가 파생 상품에 의존하기보다 암호화폐를 직접 보유하는 상품으로 기울고 있음을 시사한다.

피델리티 인터내셔널, 21셰어스, 코인셰어스, 인베스코, 위스덤트리 등 여러 글로벌 투자사들이 유럽 시장에서 암호화폐 ETP를 활발히 운용한다.

국내에서 외국 가상자산 ETF에 투자할 수 있을까?

외국에서 비트코인 ETF 시장이 활발하게 열리고 있지만, 국내 투자자들이 국외 비트코인 ETF에 직접 투자할 수 있는지에 대한 질문은 매우 중요하다.

1) 금융 당국의 현재 입장: 불가

안타깝게도 현재 대한민국 금융 당국은 국외에 상장된 비트코인 현물 ETF를 국내에서 직접 거래하는 것을 허용하지 않는다. 금융위원회는 외국 비트코인 현물 ETF의 국내 거래를 막아섰으며, 이는 자본시장법 위반 소지가 있다는 이유를 들었다. 금융위원회는 국내 증권사가 해외 상장된 비트코인 현물 ETF를 중개하는 것이 가상자산에 대한 기존 정부 입장과 자본시장법에 위배될 소지가 있다고 발표했다.

한국 금융 당국은 가상자산 현물 ETF는 현행법 위반이라며 불허 입장을 고수하고 있으며, "비트코인 현물 ETF 발행·중개에 대한 당국의 입장은 변화가 없다"고 일관되게 밝혔다. 이는 국내 투자자들이 외국 주식이나 다른 외국 ETF처럼 증권사 HTS를 통해 외국 비트코인 현물 ETF를 매수하는 것이 현재로서는 어렵다는 것을 의미한다.

한국 금융 당국의 일관되고 확고한 '불가' 입장은 규제상 상당한 장벽을 만들고, 한국 투자자들을 전 세계적으로 확장되는 시장으로부터 고립시킨다. 이는 국내 규제가 국제적 추세와 급격히 달라지는 '갈라파고스 규제' 시나리오를 시사한다는 비판도 있다. 주요 글로벌 트렌드(암호화폐 ETF와 같은)가 확산될 때, 특정 국가가 이를 금지하기로 결정하면 독특하고 고립된 시장이 형성된다. 이러한 갈라파고스 규제는 국내 투자자들에게 새로운 투자 기회에 대한 접근을 제한함으로써 불이익을 줄 수 있으며, 장기적으로 해당 분야의 국내 금융 산업 발전을 저해할 가능성도 있다. 또한 한국 금융 시장의 경쟁력에 대한 의문을 제기하기도 한다.

2) 왜 안 될까?

한국 금융 당국이 국외 비트코인 현물 ETF의 국내 거래를 불허하는 핵심적인 이유는 한국의 '자본시장과 금융투자업에 관한 법률(자본시장법)'에 있다. 자본시장법에서는 비트코인 같은 가상자산을 '금융 투자 상품'으로 인정하지 않는다.

따라서 금융 당국은 비트코인이나 이더리움 같은 가상자산이 자본시장법상 금융 투자 상품이 아니기 때문에, 이를 기초자산으로 하는 ETF를 증권사가 중개하는 것은 현행법상 위법 소지가 있다고 보는 것이다. 즉, 가상자산은 아직 법적으로 주식이나 채권, 펀드 같은 전통적인 금융 상품의 범주에 속하지 않으므로, 증권사가 이를 다루는 것은 법률 위반이 될 수 있다는 판단이다.

이러한 금지의 근본적인 이유는 한국 자본시장법상 가상자산의 법적 분류에 있다. 이는 많은 국가가 새로운 디지털자산을 기존 금융 규제 프레임워크에 통합하는 데 직면한 근본적인 법적 및 정의적 문제를 강조한다. 전통적인 금융 법률은 주식, 채권, 상품 같은 전통적인 자산을 위해 설계되었다. 가상자산은 분산화, 물리적 형태의 부재 같은 고유한 특성으로 인해 이러한 기존 범주에 깔끔하게 들어맞지 않는다. 명확한 법적 정의와 프레임워크가 확립될 때까지 규제 기관은 잠재적인 법률 위반 및 투자자 보호 문제를 이유로 전통적인 금융 기관이 이를 다루는 것을 주저한다.

3) 간접 투자할 수 있는 방법은?

비록 외국 비트코인 현물 ETF에 직접 투자할 수는 없지만, 비트코인이나 가상자산 시장에 간접적으로 투자할 수 있는 몇 가지 대안적인 방법들이 있다. 이러한 방법들은 기존 규제 범위 내에서 가상자산에 대한 노출을 얻는 방법을 찾는 시장의 독창성을 보여주며, 투자자 수요를 충족시키기 위한 금융 상품의 적응성을 강조한다. 직접적인 경로가 차단되면 금융 혁신가들은 규제를 준수하는 대안을 찾게 된다.

다음은 국내 투자자가 국외 비트코인 선물 ETF 또는 블록체인 관련 ETF에 투자하는 방법들이다.

- 선물 기반 비트코인 ETF 투자: 비트코인 현물 ETF와 달리, 비트코인 선물 계약에 투자하는 ETF는 국내에서 투자가 가능하다. 대표적인 예시로는 미국 시카고상품거래소(CME)에서 거래되는 비트코인 선물을 기초 자산으로 하는 '프로셰어즈 비트코인 스트래티지(BITO)'가 있다. 다만, 선물 ETF는 파생상품 계약의 움직임을 따르기 때문에 현물 ETF와 가격 추이에서 차이가 있을 수 있음을 유의해야 한다.

- 암호화폐 산업 관련 테마형 주식 바스켓 ETF 투자: 이 전략은 블록체인 기술이나 암호화폐 관련 산업 및 테마 기업에 투자하는 ETF를 활용하는 것이다. 예를 들어 암호화폐 거래 및 채굴 관련 회사, 반도체 기업 등에 투자하는 '앰플리파이 트랜스포메이셔널 데이터셰어링(BLOK)' 같은 ETF가 있다. 이들 기업의 주가는 암호화폐 시장의 성장과 밀접한 관련이 있을 수 있다.

- 비트코인을 많이 보유한 기업 관련 ETF 투자: 비트코인 가격이 급등할 때, 비트코인을 많이 보유한 기업들의 주가도 함께 급등하는 경향을 이용하는 전략이다. 대표적인 예시로는 비트코인을 대량 보유한 마이크로스트래티지의 비중이 높은 테마형 ETF인 '비트와이즈 크립토 산업 혁신기업(BITQ)'이 있다. 또한 마이크로스트래티지 단일 종목의 움직임을 두 배로 추종하는 레버리지 방식의 '데일리 타깃 2X 롱 MSTR(MSTX)' 같은 ETF도 단기

적인 전술적 접근에 활용될 수 있다.

• 비트코인, 이더리움에 대한 레버리지 ETF 전략: 국내 투자자들이 한때 많이 매수한 '2X 비트코인 스트래티지(BITX)'와 '프로셰어즈 울트라 비트코인(BITU)' 등이 있다. BITX는 CME 비트코인 선물지수를 일일 변동성의 두 배로 추종하며, BITU는 블룸버그 비트코인 지수를 일일 변동성의 두 배로 추종한다. 하지만 레버리지 ETF는 단기 모멘텀 투자에 적합하며, 높은 변동성으로 인해 장기 보유 시에는 큰 손실 위험이 따를 수 있으므로 매우 유의해야 한다.

4-18

법인의 가상자산 펀드 투자법

투자 순서

1) 신뢰할 수 있는 펀드 선택

법인은 비트코인 펀드를 선택할 때 수익률과 안전성을 고려해야 한다. 신뢰할 수 있는 펀드를 찾기 위해 펀드의 이전 실적, 관리 비용, 투자 전략 등을 조사한다. 이를 통해 안정적이고 높은 수익을 기대할 수 있는 펀드를 선택한다.

2) 투자 계약 체결

펀드를 선택한 후 법인과 펀드 간에 투자 계약을 체결한다. 계약서에는 투자 금액, 조건, 수수료 등을 명시해야 하며, 법인과 펀드는 계약 내용을 꼼꼼히 확인한 후 체결한다. 계약을 체결할 때는 변호사의 도움을 받아 법적 문제를 최소화하는 것이 좋다.

3) 자금 투자

투자 계약이 체결되면 법인은 펀드에 자금을 투자한다. 펀드는 받은 자금을 비트코인에 투자하며, 법인은 간접적으로 비트코인에 투자하는 효과를 얻는다. 펀드는 투자 자금을 효율적으로 운영하여 법인에 수익을 제공한다.

비트코인 펀드를 통한 투자는 법인이 비트코인을 직접 구매하지 않아도 되기 때문에, 법적 문제나 거래의 복잡성을 줄일 수 있는 장점이 있다. 또한, 전문가들이 펀드를 관리하기 때문에 더욱 안전하고 효과적인 투자가 가능하다.

4) 법인 명의의 비트코인 지갑 생성

법인이 비트코인을 보유하려면 법인 명의의 지갑을 생성해야 한다. 이 지갑은 거래소 지갑이나 하드웨어 지갑을 사용할 수 있다. 법인 명의의 지갑을 생성하는 과정은 다음과 같다.

* 지갑 종류 선택: 법인 명의로 사용할 지갑 종류를 선택해야 한다. 거래소 지갑과 하드웨어 지갑 중에서 선택할 수 있다. 거래소 지갑은 사용하기 편리하며, 다양한 기능을 제공하지만 인터넷에 연결되어 있어 해킹 위험이 있다. 하드웨어 지갑은 인터넷에 연결되지 않아 보안이 뛰어나지만, 물리적인 장치가 필요하다.

* 법인 계정 생성: 법인 명의로 지갑을 사용하기 위해 거래소에서 법인 계정을 생성할 수 있다. 법인 계정을 만들기 위해서는 사

업자등록증, 법인 정관, 대표자 신분증 등의 서류를 제출해야 한다. 거래소에서 법인 계정이 인증되면, 그 계정의 지갑을 사용할 수 있다.

• 지갑 설정 및 관리: 법인 계정이 생성되고 나면, 지갑을 설정하고 관리해야 한다. 하드웨어 지갑을 사용하는 경우, 지갑 장치를 준비하고 설정 절차를 따른다. 거래소 지갑을 사용하는 경우, 거래소에서 제공하는 보안 기능을 최대한 활용하여 지갑을 안전하게 관리한다.

• 비트코인 보관: 생성된 법인 명의의 지갑에 비트코인을 보관한다. 거래소 지갑을 사용할 경우, 지갑의 비밀번호와 개인 키를 안전하게 보관한다. 하드웨어 지갑을 사용할 경우, 장치를 안전한 장소에 보관하며, 정기적으로 보안 점검을 실시한다.

비트코인을
화폐로 사용하는 국가

엘살바도르

엘살바도르는 2021년 6월 9일부터 비트코인을 법정 화폐로 사용하기 시작했다. 이 결정은 엘살바도르 정부가 금융 포용성을 높이고, 국외 송금 수수료를 줄이며, 경제 성장을 촉진하려는 목표를 가지고 있었기 때문이다.

엘살바도르는 작은 나라로, 주민들 중 약 70%가 은행 계좌가 없다. 은행 계좌가 없으면 돈을 안전하게 보관하거나 다른 사람에게 송금하는 것이 어렵기 때문에, 엘살바도르 정부는 이러한 문제를 해결하기 위해 비트코인을 도입했다. 이제 엘살바도르 국민들은 비트코인을 이용하여 금융 서비스를 더 쉽게 이용할 수 있게 되었다.

또한 엘살바도르 사람들은 외국에 있는 가족이나 친구에게 돈을 보내야 할 때가 많은데, 전통적인 송금 서비스는 높은 수수료를 부과한다. 엘살바도르의 국외 송금은 나라 전체 경제의 약 20%를 차지할 정도로 중요하다. 하지만 비트코인을 사용하면 이러한 송금 수수료를 크게 줄일 수 있다. 비트코인은 중개자 없이 직접 거래할 수 있기 때문에 수수료가 거의 없다.

비트코인 도입으로 인해 문제점도 발생했다. 가장 큰 문제는 비트코인의 가격 변동성이다. 비트코인의 가격은 매우 변동성이 커서 오늘은 비트코인 한 개가 100만 원이지만, 내일은 50만 원이 될 수도 있다. 이러한 가격 변동성은 사람들이 비트코인을 사용하는 것을 주저하게 만든다. 만약 비트코인의 가격이 갑자기 크게 하락하면, 엘살바도르 경제에도 큰 타격을 줄 수 있다. 경제가 불안정해지면 사람들은 돈을 쓰는 것을 두려워하게 되고, 소비가 줄어들어 경제 전체가 침체될 위험이 있다.

또한 비트코인을 사용하려면 인터넷이 필요하다. 하지만 엘살바도르의 많은 지역에서는 인터넷 접속이 어렵다. 인터넷이 없으면 비트코인을 사용할 수 없기 때문에, 이러한 지역에서는 비트코인 도입이 큰 의미를 가지기 어렵다. 예를 들어 시골 지역에 사는 사람들은 인터넷 접속이 제한되어 비트코인을 사용할 수 없다. 그래서 비트코인을 전면적으로 도입하려면 인터넷 인프라를 개선하는 것이 중요하다.

국제적인 압력도 무시할 수 없다. 엘살바도르가 비트코인을 법정화폐로 도입했을 때, 국제통화기금(IMF) 같은 국제 기구들이 이를 반대했다. 비트코인은 아직 규제가 충분히 이루어지지 않아 사기나 불법 활동에 악용될 가능성이 크기 때문에, 국제 기구들은 엘살바도르에게 비트코인 사용을 중단하라고 요구했다. 이러한 국제적인 압력은 엘살바도르의 비트코인 사용에 큰 장애물이 될 수 있다.

또 다른 문제는 비트코인의 가격 변동성에 대한 대응책이 부족하다는 점이다. 엘살바도르 정부는 비트코인의 가격 변동성을 줄이기 위한 안정화 기금을 마련했지만, 여전히 많은 국민들은 비트코인의 변동성 때문에 사용을 주저한다. 또한 비트코인의 가격 변동성이 계속된다면, 엘살바도르의 경제 안정성에도 큰 영향을 미칠 수 있다.

엘살바도르 정부는 비트코인 도입으로 인해 발생하는 문제들을 해결하기 위해 다양한 대책을 마련하고 있으며, 인터넷 인프라를 개선하고, 비트코인의 사용을 촉진하기 위한 교육 프로그램도 진행하고 있다. 이러한 노력들을 통해 비트코인의 사용을 확대하고, 국민들이 금융 서비스를 더 쉽게 이용할 수 있도록 하고 있다.

결론적으로, 엘살바도르는 비트코인을 법정 화폐로 도입하여 금융 포용성을 높이고, 국외 송금 수수료를 줄이며, 경제 성장을 촉진하려는 목표를 가지고 있다. 그러나 비트코인의 가격 변동성과 인터넷 인프라 부족, 국제적인 압력 등의 문제도 함께 해결해야 한다.

중앙아프리카공화국

중앙아프리카공화국도 엘살바도르와 비슷한 상황이다. 중앙아프리카공화국은 2022년 4월 23일부터 비트코인을 법정 화폐로 사용하기 시작했다. 중앙아프리카공화국 정부는 비트코인을 통해 경제를 활성화하고, 금융 시스템을 개선하려는 목표를 가지고 있다.

중앙아프리카공화국은 비트코인을 사용하여 경제를 더 활발하게 만들고자 한다. 경제가 활발해지면 사람들이 더 많은 돈을 벌고, 더 많은 물건을 사고팔 수 있다. 비트코인을 사용하면 외국인 투자자들이 중앙아프리카공화국에 돈을 투자할 수 있게 되어 경제가 활성화될 수 있다. 예를 들어 외국인 투자자들이 중앙아프리카공화국에 공장을 세우면, 그 공장에서 일하는 사람들이 돈을 벌 수 있다. 이렇게 하면 경제가 더 활발해지는 것이다.

또한 중앙아프리카공화국에는 은행 계좌가 없는 사람들이 많다. 은행 계좌가 없으면 돈을 안전하게 보관하거나 다른 사람에게 송금하는 것이 어렵다. 비트코인을 사용하면 이러한 문제를 해결할 수 있다.

비트코인을 법정 화폐로 도입함으로써 중앙아프리카공화국은 국제적으로 주목받았다. 다른 나라 사람들이 중앙아프리카공화국에 대해 더 많이 알게 되고, 관심을 가지게 된 것이다. 이렇게 중앙아프리카공화국의 인지도가 상승했다. 예를 들어 비트코인을 사용하는 나라로 유명해지면, 더 많은 사람들이 중앙아프리카공화국을 방문하고 싶어 할 수 있다. 이렇게 되면 관광객이 늘어나고, 관광 산업도 활성화될 수 있다.

하지만 중앙아프리카공화국도 비트코인 사용으로 인한 문제점을 겪고 있다. 비트코인의 가격 변동성, 인터넷 인프라 부족, 국제기구들의 압력이 그것이다. 이는 엘살바도르와 크게 다르지 않은 문제점들이다. 따라서 중앙아프리카공화국 정부는 비트코인의 가격 변동성과 인터넷 인프라 부족, 국제적인 압력 등의 문제도 함께 해결해야 한다.

4-20
가상자산 도입을 고려하는 또 다른 국가들

엘살바도르와 중앙아프리카공화국 사례 이후, 비트코인을 전면적인 법정 화폐로 채택하려는 국가는 나타나지 않았다. 하지만 이는 국가 차원의 가상자산 도입 움직임이 멈췄다는 것을 의미하지는 않는다. 오히려 여러 국가들이 각자의 상황에 맞춰 더 신중하고 다양한 방식으로 가상자산의 가능성을 탐색하고 있다.

전략적 자산으로서 접근: 파키스탄

파키스탄은 비트코인을 법정 화폐로 도입하는 대신, 국가의 '전략적 비트코인 준비금(Strategic Bitcoin Reserve)'을 설립하는 방향으로 접근하고 있다. 2025년 5월, 파키스탄은 이러한 계획을 발표하며, 이 준비금이 단기적인 시세 차익을 노리는 투기 목적이 아님을 분명히 했다. 그들은 이 비트코인을 "절대 팔지 않을 것"이라고 선언하며, 장기적인 국가 자산으로 보유하겠다는 의지를 보였다.

이는 비트코인을 화폐가 아닌, 금 같은 전략적 가치 저장 수단으로 인식하는 접근법이다. 또한 파키스탄은 2025년 7월, 엘살바도르의 비트코인청(Bitcoin Office)과 지식 교류 및 협력을 위한 의향서(LOI)를 체결했다. 이는 엘살바도르의 경험을 학습하여 자국의 가상자산 생태계를 체계적으로 구축하려는 노력의 일환으로 볼 수 있다. 파키스탄은 가상자산 규제 당국(PVARA) 설립을 추진하는 등, 법정 화폐 채택이라는 급진적인 방식 대신 규제 프레임워크를 먼저 마련하며 신중하게 접근하고 있다.

암호화폐 친화적 허브 지향: 아랍에미리트, 싱가포르

아랍에미리트(UAE), 특히 두바이는 가상자산을 미래 경제의 핵심으로 보고, 관련 기업과 인재를 유치하기 위해 매우 적극적인 정책을 펼치고 있다. UAE는 가상자산에 대한 세금이 거의 없고, 두바이는 자체적인 가상자산 규제 당국(VARA)을 설립하여 명확한 규제 가이드라인을 제공한다. 이는 불확실성을 싫어하는 기업들에게 매우 매력적인 요소다. 이들은 비트코인을 법정 화폐로 만들기보다는, 가상자산 산업이 성장할 수 있는 최적의 환경(허브)을 조성하여 글로벌 금융 중심지로서의 위상을 강화하려는 전략을 취하고 있다.

싱가포르 역시 비슷한 접근법을 취한다. 싱가포르 통화청(MAS)

은 소비자 보호를 강조하며 신중한 입장을 유지하면서도, 혁신적인 기업들이 규제 샌드박스 내에서 새로운 금융 기술을 실험할 수 있도록 지원한다. 이들 국가는 가상자산을 통해 자국 금융 시스템을 현대화하고, 새로운 부가가치를 창출하는 데 집중하고 있다.

스테이블코인에 대한 국가들의 규제 움직임

비트코인의 가격 변동성이라는 명확한 한계 때문에, 많은 국가들은 민간 기업이 발행하는 스테이블코인을 어떻게 제도권 안으로 편입시킬 것인지에 대해 더 큰 관심을 보이고 있다. 이는 비트코인 법정 화폐화와는 다른, 훨씬 더 현실적인 접근법이다.

1) 명확한 규칙 수립을 통한 제도권 편입: 미국, 유럽, 일본, 홍콩

• 미국: 미국은 2025년 7월, 「스테이블코인 규제법(일명 GENIUS Act)」을 제정하며 글로벌 규제 논의를 주도하고 있다. 이 법의 핵심은 스테이블코인 발행사에게 100% 준비금 보유를 의무화하고, 이 준비금은 반드시 미국 달러 현금이나 단기 국채 같은 안전자산으로만 구성하도록 한 것이다. 또한 발행사는 매월 준비금 내역을 투명하게 공개해야 하며, 연방정부와 주정부가 함께 발행사를 인가하고 감독하는 체계를 마련했다. 이는 민간 스테이블코인의 안정성을 국가가 보증하여, 달러 기반 스테이블코인을 통해 디지털 금융 시대에도 달러 패권을 유지하려는 전략적 의도가 담겨 있다.

• 유럽연합(EU): EU는 세계 최초로 포괄적인 가상자산 규제안

인 '미카(MiCA, Markets in Crypto-Assets)'를 2024년부터 시행했다. MiCA 내에서 스테이블코인은 '자산준거토큰(ARTs)' 등으로 분류되며, 발행을 원하는 기업은 EU 내 금융 당국의 허가를 받아야 한다. EU 역시 발행사에게 엄격한 준비금 요건과 상환 권리를 보장하도록 요구하며, 이를 통해 유로화 기반 스테이블코인 시장을 육성하고 역내 금융 안정을 꾀하고 있다.

• 일본: 일본은 2023년 6월, 세계에서 가장 먼저 스테이블코인에 대한 법적 규제를 시행한 국가 중 하나다. 개정된 「자금결제법」은 스테이블코인을 '전자결제수단'으로 명확히 정의하고, 그 발행 주체를 은행, 신탁회사 등 기존의 금융 기관으로 한정했다. 이는 스테이블코인을 처음부터 전통적인 금융 시스템의 규제 틀 안으로 완전히 편입시켜 안정성을 확보하려는 접근법이다.

• 홍콩: 홍콩은 아시아의 금융 허브로서, 스테이블코인 발행에 관심 있는 기업들이 실제 규제 환경과 유사한 조건에서 기술과 사업 모델을 시험해 볼 수 있는 '규제 샌드박스'를 운영하고 있다. 2024년 7월에는 스탠다드차타드 은행을 포함한 여러 컨소시엄이 샌드박스 참여자로 선정되었다. 이는 엄격한 규제를 바로 적용하기보다는, 산업계와 소통하며 점진적으로 안정적인 규제 체계를 만들어 가려는 실용적인 접근 방식을 보여준다.

2) 중앙은행 디지털 화폐(CBDC)와의 관계

이러한 민간 스테이블코인 규제 움직임은 각국 중앙은행이 추진하는 중앙은행 디지털 화폐(CBDC, Central Bank Digital Curren-cy)와는 구별된다.

- 발행 주체: 스테이블코인은 민간 기업(예: 테더, 서클)이 발행하지만, CBDC는 국가의 중앙은행(예: 한국은행, 미국 연준)이 직접 발행한다.
- 법적 지위: 스테이블코인은 '전자 지급 수단'이나 '금융 상품'으로 규제되지만, CBDC는 우리가 사용하는 현금(지폐, 동전)과 동일한 법적 지위를 갖는 국가의 공식 디지털 화폐이다.
- 통제 수준: 스테이블코인은 민간 기업의 운영 정책에 따라 움직이지만, CBDC는 중앙은행이 통화 정책의 일환으로 발행량과 유통을 직접 통제한다.

결론적으로, 대부분의 국가는 비트코인 같은 변동성 자산을 법정화폐로 채택하는 대신, 두 가지 경로(Dual-Track)를 동시에 추진하고 있다. 하나는 민간 기업이 발행하는 스테이블코인에 대해 명확한 규칙을 만들어 금융 시스템에 안정적으로 편입시키는 것이고, 다른 하나는 중앙은행이 직접 통제하는 CBDC를 개발하여 미래 디지털 통화 시대에 대비하는 것이다. 이는 혁신을 수용하되, 국가의 통화 주권과 금융 안정성은 포기하지 않으려는 각국 정부의 공통된 전략이라고 볼 수 있다.

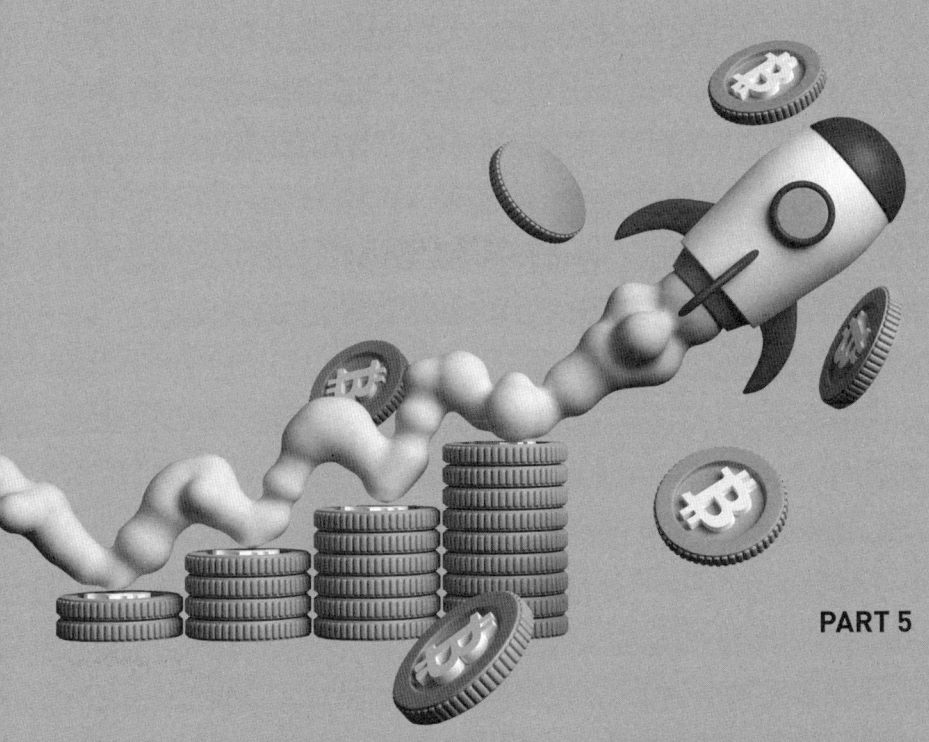

PART 5

비트코인의
오리진

비트코인의
탄생

비트코인은 2008년 금융 위기 직후 등장했다. 당시 세계 경제는 대형 은행들의 무책임한 대출과 복잡한 금융 상품으로 인해 붕괴 직전이었다. 상황이 어느 정도였냐면, 158년 역사의 투자 은행 리먼브라더스가 서브프라임 모기지(부실 주택 담보 대출)로 인한 손실을 감당하지 못하고 법원에 파산 보호를 신청했을 정도다. 그리고 실제로 파산했다. 리먼브라더스는 당시 미국에서 네 번째로 큰 투자 은행이었다.

미 정부와 연방준비제도(Fed)는 다른 대형 금융 기관들(AIG, 골드만삭스 등)에는 구제 금융(TARP)을 제공했지만, 리먼브라더스에는 베일아웃을 제공하지 않았다. 이는 리먼브라더스가 구조 조정을 위한 확실한 인수자를 찾지 못했고, 정부가 '도덕적 해이'를 우려해 개입을 포기했기 때문이었다. 결국 2008년 9월 15일, 리먼브라더스는 파산을 선언하며 금융 시장에 대혼란을 초래했고, 이는 글로벌 금융 위기를 더욱 심화시키는 계기가 되었다.

리먼의 파산은 금융 시장에 연쇄적인 충격을 불러일으키며 글로벌 금융 위기의 방아쇠 역할을 했다. 금융 위기에 발생한 도미노 파산 사건들은 기존 금융 시스템의 취약성을 드러내며 많은 사람들이 은행에 대한 대한 불신을 갖게 만들었다. 리먼브라더스의 붕괴 이후, 대형 금융 기관들이 연이어 위기에 처하며 베어스턴스, 메릴린치 등이 헐값에 매각되거나 정부의 개입으로 가까스로 살아남았다. 실업률이 급등하고, 미국 및 글로벌 금융 시장이 극심한 유동성 부족을 겪으며 개인과 기업 모두 심각한 타격을 받았다.

금융 시스템이 불안정해지고 중앙 기관에 대한 신뢰가 약화되자, 많은 사람들이 기존 은행과 정부 중심의 금융 체제에서 벗어날 대안을 찾기 시작했다. 이러한 분위기는 2011년 미국에서 발생한 '월가를 점령하라(Occupy Wall Street)' 운동으로도 이어졌다. 이 운동은 월가의 대형 금융 기관들이 금융 위기를 초래하고도 막대한 구제 금융을 받으며 살아남은 반면, 일반 서민들은 실업과 주택 압류 등의 고통을 겪어야 했다는 불평등에 대한 분노에서 시작되었다. 시위대는 "우리는 99%다(We are the 99%)"라는 구호를 내세우며, 금융권의 탐욕과 정부의 불공정한 경제 정책을 비판했다. 이 운동은 금융 시스템의 근본적인 문제를 지적하며, 대안 금융 체제를 요구하는 목소리를 키웠다. 이런 사회적 분위기 속에서, 중앙 기관에 의존하지 않고 개인 간 직접 거래가 가능한 새로운 금융 시스템에 대한 관심이 커졌고, 대안 금융에 대한 사람들의 요구는 비트코인의 탄생과 맞물리게 되었다.

탈중앙화된 디지털 화폐

2008년 10월 31일, 사토시 나카모토라는 정체불명의 인물이 '비트코인: P2P 전자 화폐 시스템(Bitcoin: A Peer-to-Peer Electronic Cash System)'이라는 백서를 발표했다. 나카모토는 금융 기관을 신뢰할 필요 없는 탈중앙화된 디지털 화폐를 제시하며, 개인 간(P2P) 거래를 통해 신뢰 문제를 해결하고자 했다. 나카모토는 이 백서를 통해 중앙 기관 없이 작동하는 디지털 화폐의 개념을 제시하며, 이를 블록체인 기술을 통해 실현할 수 있음을 설명했다. 그는 금융 거래에서 신뢰할 수 있는 제3자를 배제하고, 개인 간(P2P) 직접 거래를 가능하게 하는 시스템을 구체적으로 설계했다. 이를 위해 거래 내역이 네트워크 참여자들에 의해 검증되고 변경 불가능한 블록체인에 기록되도록 했다. 즉, 비트코인은 은행이나 금융 기관 없이도 안전한 거래가 가능하도록 설계된 최초의 디지털 화폐였다.

2009년 1월 3일, 사토시 나카모토가 비트코인의 첫 번째 블록, 즉 '제네시스 블록'을 채굴하면서 비트코인이 세상에 등장했다. 이 블록에는 "The Times 03/Jan/2009 Chancellor on brink of second bailout for banks(2009년 1월 3일, 재무장관이 두 번째 은행 구제 금융을 앞두고 있다)"라는 메시지가 포함되어 있었다. 이 메시지는 당시 글로벌 금융 위기의 혼란 속에서 은행과 정부가 반복적으로 시행하는 구제 금융 정책을 비판하는 의미로 해석된다. 나카모토는 이러한 기존 금융 시스템의 불안정성과 중앙화된 권력 구조를 비판하며, 이에 대한 대안으로 비트코인을 제시했다. 제네시스 블록은 단순히 첫 번째 블록이 아니라, 비트코인의 철학과 금융 혁신의 시작을 상징하는 중요한 역사적 순간이었다.

모든 코인이 얼어붙는 계절
'크립토 겨울'

비트코인의 역사는 극심한 가격 변동의 연속이었다. 특히 2017년 말, 비트코인은 2만 달러 가까이 급등하며 전 세계적인 투자 열풍을 불러일으켰다. 하지만 2018년 초부터 급락하기 시작해 3,000달러대까지 떨어지며 '크립토 윈터(Crypto Winter)'로 불리는 암흑기를 맞이했다. 이 같은 가격 변동의 주요 원인 중 하나는 '반감기(Halving)'다.

반감기는 새로운 비트코인을 얻기 위해 필요한 과정(채굴)에서 보상으로 지급되는 비트코인의 양이 절반으로 줄어드는 이벤트다. 비트코인을 운영하는 프로토콜에 의해 자동으로 설정된 규칙으로 인해 약 4년마다 반복된다. 프로토콜이란 컴퓨터 네트워크에서 서로 정보를 주고받는 방식과 같은 개념으로, 비트코인이 작동하는 원칙과 규정을 의미한다. 비트코인은 사전에 정해진 원칙에 따라 움직이며, 이를 통해 예측 가능한 방식으로 운영된다. 즉, 비트코인 프로토콜은 총 2,100만 개만 발행되도록 설계되었으며, 네트워크에서 특정 개수(21만 개의 블록)가 채굴될 때마다 채굴 보상이 절반으로 줄어드는 구조를 갖고 있다. 이 과정은 비트코인의 희소성을 높이고, 인플레이션을 방지하기 위한 설계적 장치다. 따라서 비트코인은 시간이 지날수록 공급이 점점 줄어들고, 이에 따라 가격 변동성을 동반하게 된다.

비트코인은 약 10분마다 새로운 블록이 생성되는데, 이때 새로운 비트코인이 채굴자에게 보상으로 주어진다. 하지만 반감기가 도래하면 이 보상량이 절반으로 줄어든다. 채굴 보상이 줄어들면 시장에 유통되는 신규 비트코인의 양이 감소하면서 자연스럽게 공급이 줄어든다. 이는 마치 광부가 금을 채굴하는 양이 줄어드는 것과 비슷한 개념으로, 시간이 갈수록 비트코인이 더욱 희소한 자산이 되도록 설계한 것이다. 이러한 공급 감소는 장기적으로 가격 상승 요인으로 작용할 수 있지만, 반감기 직후에는 채굴자들의 수익성이 악화되기에 단기적으로 시장이 흔들리는 경우가 많다. 하지만 장기적으로는 비트코인의 희소성을 높이고 인플레이션을 방지하기 위한 장치로 작용한다. 따라서 비트코인은 시간이 지날수록 공급이 점점 줄어들고, 이에 따라 가격 변동성을 동반하게 된다.

비트코인은 2012년, 2016년, 2020년, 2024년 등 네 차례 반감기를 거쳤으며, 매번 반감기 이후 가격이 크게 상승하는 패턴을 보였다. 2016년 반감기 이후 비트코인은 1년 만에 2만 달러까지 근접했으며, 2020년 반감기 이후에도 비슷한 상승세를 나타냈다. 반감기를 지내고 비트코인이 상승하기 전, 채굴자들 사이에서는 '지금 팔아야 할까?'라는 고민이 생기고 시장에 유입되는 비트코인의 양이 줄어들면서 거래가 위축되는 현상이 나타나곤 했다. 시장 참여자들은 공급량 감소를 이유로 가격이 오를 것으로 기대하지만, 당장 거래량이 줄어들면 시장은 단기적으로 침체를 겪을 수밖에 없다.

이러한 반감기로 인한 가격 변동은 디지털자산 시장 전체에도 큰 영향을 미친다. 비트코인은 디지털자산 시장에서 가장 높은 비중을 차지한다. 업계에서는 비트코인의 시가 총액이 전체 디지털자산 시가 총액에서 차지하는 비중을 계산한 '비트코인 도미넌스(Bitcoin Dominance)'로 비트코인의 영향력을 수치화했다. 비트코인의 가격이 급등하면 도미넌스도 상승하면서 다른 알트코인들의 시장이 위축될 수 있다. 반대로 비트코인의 가격이 하락하면 전체 시장 심리가 위축되며 디지털자산 시장 전체가 하락세를 보이는 경우가 많다. 따라서 반감기는 비트코인뿐만 아니라 디지털자산 시장 전체의 가격 흐름을 결정짓는 중요한 요인 중 하나로 작용한다.

반감기는 비트코인의 공급량을 조절하는 중요한 요소지만, 시장에 영향을 주는 또 다른 요인들도 존재했다. 2022년 초부터 시작된 거시 경제적 불안정성, 미국 연방준비제도의 금리 인상, 테라(LUNA) 생태계 붕괴, FTX 거래소 파산 등도 비트코인 가격 하락을 촉진하는 역할을 했다. 특히 FTX의 파산은 전 세계 디지털자산 시장에 대한 신뢰를 흔들었고, 대규모 자금이 시장에서 이탈하면서 비트코인의 가격이 급락했다. 이는 단순히 반감기 같은 공급 조절 요인뿐만 아니라, 외부적인 금융 사건들이 디지털자산 시장에 미치는 영향을 보여주는 사례이다.

시장이 얼어붙던 혹독한 겨울에도 비트코인은 위기를 기회로 삼아 대중들의 관심을 사로잡았다. 2020년, 코로나19 팬데믹으로 인해 전 세계 경제가 혼란에 빠지면서 비트코인은 '디지털 금'이라는 인식을 얻으며 기관 투자자들의 관심을 받기 시작했다. 실제로 2021년에는 비트코인 선물 ETF가 미국에서 최초로 출시되면서 역대 최고가인 6만 9,000달러를 기록했다. 프로쉐어즈의 '비트코인 스트래티지 ETF(BITO)'가 도입되면서 기관 투자자들이 본격적으로 비트코인 시장에 진입할 수 있는 길이 열렸고, 이에 대한 기대감이 가격 상승을 견인했다. 이는 비트코인이 점차 전통 금융 시스템과 융합되며 제도권 자산으로 인정받는 중요한 계기가 되었다.

이후에 다시 찾아온 반감기에도 비트코인은 비트코인 현물 ETF 승인과 트럼프 미국 대통령의 친 디지털자산 정책들로 인해 새로운 전성기를 맞이했다. 2024년 1월, 미국 증권거래위원회가 최초로 비트코인 현물 ETF를 승인하면서 시장의 유동성이 급격히 증가했고, 이에 따라 기관 투자자들의 대규모 자금이 유입되었다. 2024년 하반기에는 도널드 트럼프 대통령이 대선 후보 시절 내세웠던 디지털자산에 대한 규제 완화 공약들을 이행하기 시작하면서, 비트코인은 완전히 딴나라로 갔다.

트럼프 대통령의 디지털자산 관련 공약과 시장의 신뢰 회복이 결합되면서 비트코인은 지속적인 상승세를 보였다. 2024년 11월, 비트코인은 9만 달러를 돌파하며 역사적인 고점을 갱신했고, 2024년 12월에는 기관 투자자의 대규모 유입과 글로벌 금융 시장의 디지털 자산 수용 확대로 인해 9만 8,000달러까지 상승했다. 그리고 2025년 1월, 마침내 비트코인은 사상 최초로 10만 달러를 돌파하며 금융 역사에 새로운 이정표를 세웠다. 이는 비트코인이 단순한 투기 자산에서 벗어나 글로벌 경제 시스템에서 중요한 투자 자산으로 자리 잡았음을 의미하는 상징적인 순간이었다.

금융 상품화되고 있는 비트코인

비트코인, 투기에서 투자가 되기까지

비트코인이라는 이름은 어느새 미국 대통령이 뉴스에서 언급할 정도로 대중적인 단어가 됐다. 불과 십년 전만 해도 '비트코인'이라는 이름조차 듣지 못한 이들이 상당수였다. 하지만 지금은 번화가의 카페만 가도 비트코인에 대해서 이야기하는 사람들을 쉽게 찾아볼 수 있다.

이 새로운 자산은 몇 번의 폭등기를 거치며 투기의 산물로 여겨져 왔다. 이는 비트코인이 기존 금융 시스템과 완전히 다른 형태의 자산이었기 때문이다. 2013년, 비트코인의 가격이 처음으로 1,000달러를 돌파하면서 투자자들의 관심이 급증했으나, 이후 중국 정부의 규제와 마운트곡스 거래소 해킹 사건으로 인해 가격이 급락하며 많은 사람들이 비트코인을 불안정한 자산으로 인식했다.

2017년 말, 비트코인은 2만 달러에 근접하며 사상 최고가를 기록했다. 이는 2017년 최저가였던 약 1,000달러 대비 1,900% 상승한 수치였다. 엄청난 폭등에 비트코인은 연일 미디어에 오르내리며 사람들에게 이름을 알렸다. 하지만 얼마 안 가 비트코인을 비롯한 디지털자산 시장은 2018년 초부터 급락하면서 크립토 윈터를 맞이했다. 당시 주요 언론들은 비트코인을 '투기', '버블'로 묘사했고, 당시 여러 금융 전문가들도 비트코인에 대해 비판적인 견해를 내놓았다.

워런 버핏은 "비트코인은 본질적인 가치가 없는 망상(Delusion)에 불과하다"고 언급하며, 장기적으로 성공할 가능성이 낮다고 평가했다. 또한, JP모건의 CEO 제이미 다이먼(Jamie Dimon)은 "비트코인은 사기(Fraud)이며, 결국 무너질 것이다"라고 강하게 비판했다. 이에 더해 노벨 경제학상 수상자인 폴 크루그먼(Paul Krugman)은 비트코인을 '투기적 버블'로 규정하며 "비트코인은 역사상 가장 거대한 폰지 사기의 한 형태일 수 있다"고 주장했다.

하지만 이러한 변동 속에서도 비트코인은 점차 제도권 금융과 접점을 넓혀갔고, 새로운 형태의 금융 자산으로서 입지를 다지게 되었다. 2021년 10월, 미국에서 최초로 비트코인 선물 ETF인 프로쉐어즈의 비트코인 선물 상장지수펀드(ETF) '비트코인 스트래티지 ETF(BITO)'가 승인되어 출시되었고, 출시 첫날에만 10억 달러 규모의 자금이 유입되었다. 비트코인 선물 ETF의 성공은 전통 금융권 내 기관 투자자들의 비트코인 투자 장벽을 낮추고, 디지털자산이 제도권 금융에 편입되는 첫걸음이 되었다.

2024년 1월에는 미국에서 최초의 비트코인 현물 ETF인 블랙록의 '아이쉐어즈 비트코인 트러스트(IBIT)'가 SEC의 문턱을 넘었다. IBIT는 출시 후 293일 만에 운용 자산 3,000억 달러를 돌파하며, 역대 가장 빠르게 성장한 ETF 중 하나로 자리매김했다. 2025년 9월 11일 기준으로 비트코인 현물 ETF의 총 운용 자산 (AUM)은 약 1,500억 달러로 성장했다.

전통 금융권에서의 비트코인 금융 상품화

비트코인이 등장한 초기에는 싸이월드 도토리나 게임 머니와 다를 바 없는 단순한 디지털 화폐로 여겨졌지만, 시간이 지나면서 점차 금융 상품으로 자리 잡게 되었다. 기존 금융 시장에서는 오랜 기간 동안 법정 화폐와 주식, 채권 같은 전통 자산을 중심으로 거래가 이루어졌지만, 디지털자산에 대한 관심이 증가하면서 기관 투자자들도 비트코인에 대한 투자 상품을 개발하기 시작했다. 특히 ETF, RWA, STO 같은 상품들은 비트코인이 전통 금융권 내에서 더욱 제도화되고 있음을 보여주는 대표적인 사례다.

한국에서도 디지털자산을 활용한 금융 상품에 대한 관심이 높아지고 있지만, 아직 미국이나 유럽과 비교하면 제도적 뒷받침이 부족한 상황이다. 현재 한국에서는 금융 당국의 규제로 인해 비트코인을 직접 거래소에서 사고파는 방식 외에 ETF나 STO 같은 금융 상품을 통한 투자 방식이 제공되지 않는다. 그러나 2023년부터 RWA에 대한 논의가 활발해지고 있으며, 일부 증권사와 블록체인 기업들이 STO 파일럿 프로젝트를 추진하는 등 한국도 점차 글로벌 흐름에 발맞추어 제도권 내 디지털자산 금융 상품을 도입하려는 노력이 이어지고 있다.

ETF: 코인도 나스닥에서 거래한다고?

비트코인 ETF는 비트코인의 가격을 추종하는 금융 상품으로, 기존의 증권 시장과 동일한 방식으로 거래할 수 있다는 점에서 투자자들에게 매력적인 옵션이 되었다. 하지만 비트코인 ETF가 승인되기까지는 수많은 난관이 있었다.

2008년 비트코인이 탄생한 이후, 윙클보스 형제(디지털자산 거래소 제미니 창업자)는 2013년 최초의 비트코인 ETF를 제안했지만, SEC는 이를 거절했다. 이후 수년 동안 반에크, 그레이스케일, 피델리티, 아크인베스트, 블랙록 등의 금융 기관이 비트코인 ETF 승인을 요청했으나, SEC는 시장 조작 가능성과 유동성 부족 등의 이유로 수년 동안 거절을 반복했다. 마침내 2021년 10월, 프로쉐어즈의 '비트코인 스트래티지 ETF(BITO)'가 승인되면서 비트코인 선물 ETF 시대가 열렸다.

왜 수많은 비트코인 선물 ETF는 SEC의 문턱을 넘지 못한 걸까? BITO 승인 이유를 정리하면 다음과 같다.

BITO 승인 이유

승인 요인	BITO (ProShares)	거절된 비트코인 선물 ETF
CME 규제 준수	* BITO는 시카고상품거래소 (CME)에서 거래되는 비트코인 선물 계약을 기반으로 하므로 기존 금융 규제의 적용을 받음	* 일부 ETF는 규제되지 않은 국외 선물 거래소 또는 장외 시장 (OTC) 기반 상품을 포함하고 있어 규제 준수에 대한 우려가 있었음
시장 조작 방지	* SEC와 CFTC의 감시를 받는 CME에서 거래됨	* 시장 감시 메커니즘이 부족하다고 판단됨
비트코인 투자 수요 충족	* 기관 및 개인 투자자들이 직접 비트코인을 구매하지 않고도 기존 주식 계좌를 통해 투자할 수 있는 합법적인 상품 제공	* 기존 주식 시장과 직접 연계되지 않아 접근성이 부족하다고 평가됨
SEC의 신중한 접근	* SEC는 선물 시장의 규제 체계를 이용할 수 있는 선물 ETF는 승인 가능하다고 판단	* SEC는 현물 시장과 연계된 ETF에 대해 시장 조작 가능성을 이유로 거부

SEC가 BITO를 승인한 핵심 이유는 이 ETF가 CME에서 거래되는 비트코인 선물 계약을 기반으로 했기 때문이다. CME는 미국 상품선물거래위원회(CFTC)의 엄격한 규제를 받으며, SEC가 요구하는 시장 감시 체계를 갖추고 있었다. 비트코인 ETF가 믿을 만한 금융 상품이라고 볼 수 있다는 것이다. 반면, 이전에 거절된 비트코인 선물 ETF들은 규제되지 않은 국외 선물 거래소 또는 장외 시장(OTC) 기반 상품을 포함하고 있어 SEC의 승인을 받기 어려웠다.

결과적으로 BITO는 2021년 10월 19일 승인되었으며, 뉴욕증권거래소 아카에서 출시된 첫날 거래량이 10억 달러에 육박할 정도로 큰 인기를 끌었다. 이후 BITO는 전통 금융권의 투자자들이 비트코인에 간접적으로 투자할 수 있는 대표적인 수단이 되었고, 비트코인 투자 시장의 제도권 편입을 가속화하는 계기가 되었다.

　　BITO 출시 후 비트코인 가격은 급등하며 2021년 11월 약 6만 9,000달러로 사상 최고치를 기록했다. 그러나 이후 연방준비제도의 금리 인상과 거시 경제적 불확실성으로 인해 2022년에는 약세장을 맞이했고, 비트코인 가격은 1만 6,000달러 수준까지 하락했다. 하지만 2023년부터 비트코인 현물 ETF 승인 기대감이 높아지면서 다시 상승세를 보이기 시작했다.

　　2024년 1월에는 더 놀라운 변화가 일어났다. SEC는 오랫동안 반대해 왔던 비트코인 현물 ETF를 승인했고, 비트코인 현물과 바로 연동되는 현물 ETF를 나스닥에서 거래할 수 있게 된 것이다. 이런 놀라운 변화를 가능하게 한 일등 공신은 바로 블랙록이다. 블랙록은 세계 최대의 자산 운용사로, ETF 시장에서도 독보적인 입지를 가지고 있으며, 글로벌 ETF 시장에서 가장 영향력 있는 플레이어 중 하나로 평가받는다. 블랙록은 한때 비트코인을 강하게 부정했던 금융사이기에, 이번 현물 ETF 출시는 금융 상품으로서 비트코인의 위상을 결정적으로 바꿔놓았다. 블랙록의 CEO인 래리 핑크는 과거 비트코인을 "돈세탁에 활용되는 도구"라며 공개적으로 비판한 바 있다. 하지만 시간이 지나면서 그는 점차 입장을 바꾸었고, 2023년에는 비트코인을 "국제적인 자산"이라 평가하며 디지털자산 시장에 대한 긍정적인 태도를 보이기 시작했다. 블랙록의 이러한 태도 변화는 단순한 의견 전환이 아니라, 기관 투자자들의 수요 증가와 시장의 성숙함을 감안한 전략적 판단이었다.

2023년 6월, 블랙록은 SEC에 비트코인 현물 ETF 승인을 공식적으로 신청하며 본격적으로 시장에 뛰어들었다. 그러나 SEC의 높은 규제 문턱을 넘기 위해서는 단순한 신청만으로는 부족했다. 블랙록은 SEC가 가장 우려하는 요소인 시장 조작 가능성과 투자자 보호 문제를 해결하기 위해 여러 가지 전략을 펼쳤다. 가장 먼저 블랙록은 코인베이스와 시장 감시 파트너십을 체결했다. SEC는 비트코인 현물 시장이 투명하지 않으며, 조작 위험이 크다고 판단해 왔기 때문에, 블랙록은 주요 미국 최대의 디지털자산 거래소인 코인베이스와 협력하여 거래 활동을 모니터링할 수 있는 감시 시스템을 구축했다. 이를 통해 SEC가 요구하는 시장 감시 기준을 충족시키려 했다.

여기서 그치지 않고 블랙록은 가격 조작 방지를 위한 트래킹 메커니즘을 설계했다. 기존에 SEC가 비트코인 현물 ETF를 거부했던 이유 중 하나는 가격 변동성을 조작할 가능성이 있다는 것이었는데, 블랙록은 ETF가 CME(시카고상품거래소)에서 거래되는 비트코인 선물 시장과 연계되도록 설계해, 가격 조작 가능성을 최소화했다. 이를 통해 ETF가 미국 내 규제된 시장에서 합법적으로 운영될 수 있도록 보장했다.

　뿐만 아니라, 블랙록은 SEC의 요구 사항을 철저히 준수하며 지속적으로 보완 서류를 제출하는 등 협조적인 태도를 유지했다. SEC가 비트코인 현물 시장의 투명성과 안정성을 문제 삼을 때마다, 블랙록은 추가적인 데이터와 보고서를 제출하며 신뢰를 쌓았다. 결국 이러한 지속적인 노력 끝에 2024년 1월, 블랙록의 '아이쉐어즈 비트코인 트러스트(IBIT)'가 승인되었다.

　IBIT는 출시 후 293일 만에 운용자산 3,000억 달러를 돌파하며 역대 가장 빠르게 성장한 ETF 중 하나로 자리매김했다. 블랙록의 비트코인 현물 ETF 출시는 단순한 금융 상품의 등장을 넘어, 비트코인이 글로벌 금융 시장에서 정식 투자 자산으로 자리 잡는 과정에서 결정적인 역할을 했다. 이는 기관 투자자들의 시장 참여를 증가시키는 계기가 되었으며, 비트코인의 제도권 금융 편입을 가속화했다.

　이후 비트코인을 넘어, 이더리움와 솔라나 같은 알트코인 기반의 ETF도 시장에 등장했다. 2025년 들어서는 밈코인 ETF 출시 가능성도 대두되고 있다. 2025년 초 렉스쉐어스와 오스프리 펀드가 밈코인 ETF 신청서를 SEC에 접수했다. 도지코인 ETF는 2025년 9월 중 출시 예정으로, 사상 첫 밈코인 ETF가 될 예정이다. 밈코인 현물 ETF 역시 출시가 머지 않았다. 현재 그레이스케일과 비트와이즈가 신청한 도지코인 현물 ETF도 심사 중에 있다. 장난으로만 치부하던 밈코인마저 금융자산의 세계에 발을 들이게 된 것이다.

이처럼 디지털자산 ETF 시장은 빠르게 성장하며 다양한 형태로 확장되고 있으며, 기존 금융 시장과 디지털자산 시장 간의 경계를 허물어가고 있다.

미국 외에도 여러 국가에서 비트코인 선물 ETF가 도입되었지만, 각국의 규제와 시장 환경에 따라 차이를 보이고 있다. 캐나다는 미국보다 앞서 2021년 비트코인 선물 ETF를 승인했으며, 이후 비트코인 현물 ETF도 도입했다. 유럽에서도 스위스와 독일을 중심으로 비트코인 ETF가 거래되고 있으며, 홍콩은 아시아에서 가장 적극적으로 디지털자산 ETF를 허용한 지역 중 하나로 꼽힌다.

반면 한국에서는 아직 비트코인 ETF가 허용되지 않았다. 금융당국은 디지털자산 관련 금융 상품을 강력하게 규제하며, 이에 따라 기관 투자자들은 비트코인 투자에 제한을 받는다. 다만 2023년부터 토큰증권(STO) 및 RWA 관련 논의가 활발해지면서 향후 디지털 자산을 활용한 금융 상품이 도입될 가능성이 제기되고 있다.

RWA: 부동산도 암호화폐로 거래한다고?

RWA(Real World Assets)란 부동산, 채권, 주식, 원자재 등 전통적인 실물 자산을 블록체인 네트워크에서 디지털 토큰으로 변환하는 기술을 의미한다. 이를 통해 금융 자산의 유동성을 높이고, 전통적인 투자 상품을 보다 투명하고 효율적으로 거래할 수 있도록 돕는다. 2024년 한 해 RWA 시장은 스테이블코인 제외 시

152억 달러, 스테이블코인 포함 시에는 217억 달러 규모로 성장했으며 전문가들은 이 시장이 2030년까지 최대 30조 달러 규모로 성장할 것으로 전망하고 있다.

RWA 개념은 2017~2018년경 블록체인 기술이 금융과 접목되면서 본격적으로 논의되기 시작했다. 이후 2020년대 초반 디파이와 NFT 시장의 성장과 함께 더욱 주목받았으며, 2023년부터 글로벌 금융 기관 및 블록체인 기업들이 본격적으로 관련 상품을 출시하면서 실물자산 토큰화 시장이 확대되었다. 특히 2024년에는 RWA 토큰화가 주요 금융 기관들의 관심을 받으며 국채 및 사모 신용(Private credit) 시장에서 각각 179%, 40% 성장하는 등 빠른 확장세를 보였다.

이러한 빠른 성장은 RWA가 금융 시장에 가져오는 혁신적인 변화 때문이다. 전통 금융 기관들은 RWA 토큰화를 통해 자산의 관리, 거래, 접근 방식을 근본적으로 변화시키고 있으며, 이를 통해 투명성을 높이고 시장의 효율성을 증대시키고 있다. 예를 들어 기존의 자산유동화증권(ABS) 시장은 불투명성이 큰 문제였지만, 블록체인 기반의 토큰화된 ABS는 소유권과 거래 내역을 투명하게 기록해 신뢰성을 향상시키고 있다.

또한 프랭클린템플턴의 '프랭클린 온체인 미국 정부 머니펀드(FOBXX)'는 블록체인을 활용해 토큰화된 주식을 발행하며, 거래 절차를 간소화하고 투자자 접근성을 개선하고 있다. 블랙록의 'USD 기관용 디지털 유동성 펀드(BUIDL)'와 프랭클린템플턴의

'벤지(Benji)' 같은 토큰화된 유동성 상품은 기존 머니마켓 펀드의 기능을 제공하면서도 결제 속도를 단축하고 디파이 플랫폼과의 연계성을 강화하는 장점을 제공한다.

규제 환경도 빠르게 변화하고 있다. 과거에는 규제가 RWA 시장의 걸림돌로 작용했지만, 현재 각국 정부와 규제 기관들은 혁신을 장려하는 방향으로 정책을 조정하고 있다. 미국에서는 블록체인 및 디지털자산 관련 정책 변화가 감지되고 있으며, 아랍에미리트는 RWA 프로젝트를 빠르게 수용하며 글로벌 허브로 자리 잡았다.

S&P글로벌은 2024년 10월 보고서를 통해 2025년에는 사모 신용 시장에서 보다 활발한 토큰화 움직임이 나타날 것으로 예상된다고 전망했다.

실제로 블랙록, JP모건, 골드만삭스, 시타델, 프랑스 BNP파리바 등 글로벌 금융 기업들은 RWA 기반 상품을 개발하거나 실험 중이다. 블랙록은 국채 토큰화 펀드인 BUIDL을 운용 중이고, JP모건과 골드만삭스는 국채 및 기업채 토큰화를 위한 디지털 플랫폼을 구축했으며, 아폴로와 위스덤트리 같은 글로벌 자산 운용사들도 RWA 시장에 진출하며 실물 자산의 블록체인화에 대한 연구와 도입을 확대하고 있다.

가상자산 필수 용어

1) 탈중앙화 금융

탈중앙화 금융(DeFi, Decentralized Finance)이란 비트코인 등 디지털자산 시장에서 생겨난 혁신 금융이다. 기존 금융 시스템과 달리 은행이나 증권사 등 중앙화된 기관 없이 블록체인 기술을 이용해 금융 서비스를 제공한다. 기존 금융 시스템에서는 은행과 같은 중개 기관이 고객의 자산을 보관하고 거래를 승인하지만, 디파이에서는 스마트 컨트랙트(Smart Contract)라는 자동화된 프로그래밍 코드를 활용하여 금융 서비스를 제공한다. 이를 통해 사용자들은 직접 자신의 자산을 관리하고, 중개 기관 없이 금융 거래를 할 수 있다.

2) 스테이킹

디파이에서 가장 흔하게 수익을 내는 방법으로는 스테이킹이 있다. 스테이킹을 통해 비트코인 등 디지털자산을 단순히 보유하는 것만으로도 추가적인 수익을 얻을 수 있다. 스테이킹은 일정량의 디지털자산을 특정 네트워크에 예치하면, 그 대가로 보상을 받는 방식이다. 기존 은행의 정기 예금과 유사하지만, 금리(보상)가 훨씬 높은 것이 특징이다.

2025년 1월 기준 은행의 정기 예금 금리가 연 3% 초반대인 반면 스테이킹 보상률은 자산의 종류, 수량, 잠금 기간에 따라 다양하며 연 4~10% 정도의 수익률을 제공하는 경우도 있다. 대표적인 스테이킹 플랫폼으로는 리도, 에이브 등이 있으며, 이들은 사용자가 이더리움이나 비트코인을 스테이킹하고 보상을 받을 수 있도록 지원한다.

3) 유동성 공급

유동성 채굴(Liquidity Mining)은 유동성을 공급하는 사용자들에게 추가적인 토큰을 지급하는 방식으로, 일종의 인센티브 프로그램이다. 사용자가 유니스왑이나 스시스왑 같은 탈중앙화 거래소(DEX)에 비트코인을 예치하면, 거래소는 이를 기반으로 유동성을 제공하고, 이에 대한 보상으로 유동성 공급자에게 거래 수수료의 일부와 추가적인 토큰을 지급한다. 은행이 아닌 사용자가 직접 금융 시장의 유동성을 형성하고 이에 따른 보상을 받을 수 있다. 쉽게 말해, 은행이 고객의 예금을 모아 대출을 해주고 이자를 지급하는 것과 비슷하지만, 디파이에서는 중앙 기관(은행) 없이 사용자들끼리 직접 자금을 제공하고 보상을 받는다.

5-4

트럼프 시대의
비트코인

트럼프, 달러 왕에서 비트코인 왕으로

트럼프의 태도 변화는 결코 하루아침에 이루어진 것이 아니다. 2019년, 그는 자신의 트위터에 비트코인에 대한 노골적인 비판을 남겼다. "나는 비트코인의 팬이 아니다. 변동성이 너무 크며, 이는 불법 활동에 이용될 가능성이 크다." 그의 세계에서, 화폐는 달러여야만 했고, 정부의 통제 아래 있어야만 했다. 그러나 2024년, 그의 말은 완전히 달라졌다.

"비트코인은 자유 시장의 상징이며, 정부가 개입하지 않는 자산이다."

트럼프는 전통적인 부동산 사업가였고, 그의 세계에서 화폐란

곧 신용과 달러를 의미했다. 비트코인은 익명성이라는 위험 요소를 지니고 있었고, 정부의 통제를 벗어난 자산이었다. 그는 이를 불편해했다. 트럼프는 미국 언론과 인터뷰할 때면 "달러는 언제나 세계 최고의 화폐가 될 것이다. 우리는 비트코인 같은 사기와 경쟁하지 않는다"고 언급하며 비트코인에 대한 자신의 입장을 확고히 했다. 당시 그의 행정부는 SEC와 CFTC(상품선물거래위원회)를 통해 비트코인에 대한 강력한 규제를 유지하고 있었다. 그는 금융 패권을 유지하려 했고, 월스트리트의 거대 은행들이 원하는 방향으로 정책을 밀어붙였다.

그러나 트럼프의 금융 정책은 역설적이었다. 그는 정부 개입을 최소화하는 자유 시장 경제를 강조하면서도, 다른 한편으로는 달러 왕국을 공고히 하기 위해 금융 시장에 적극 개입했다. 이 과정에서 달러 패권을 지키는 데 방해가 되는 비트코인 같은 대체 화폐를 철저하게 비판하고 배척했다. 하지만 시장은 그가 예상했던 대로 움직이지 않았다. 비트코인은 점점 더 커졌고, 2021년 이후 기관 투자자들의 유입이 본격화되면서 비트코인은 하나의 제도권 자산으로 자리 잡아가기 시작했다.

트럼프가 2024년 대선에 재도전할 때, 그는 완전히 다른 환경에서 선거를 치러야 했다. 글로벌 경제는 불확실성에 빠져 있었고, 인플레이션은 여전히 미국 경제의 주요한 이슈였다. 더 이상 연방준비제도의 금리 정책만으로 경제를 컨트롤할 수 없는 상황이었다. 그는 점차적으로 새로운 경제 전략을 고민하기 시작했다.

1기 행정부 때 눈엣가시였던 비트코인을 차기 대선에서는 전략적으로 활용한 것이다. 그는 자신을 '반(反)정부 개입' 대통령으로 다시 포지셔닝하면서, 중앙은행 디지털화폐(CBDC) 도입을 반대하는 입장을 내세웠다. 그리고 외쳤다. "우리는 미국을 세계 최고의 비트코인 허브로 만들 것이다." 2024년 7월 테네시주 내슈빌에서 열린 '비트코인 2024 컨퍼런스'에서 들린 그의 목소리는 더이상 비트코인을 향한 거부감이 아닌, 그것을 새로운 경제 무기로 삼으려는 전략적 변화를 담고 있었다.

그는 2025년 집권 이후, SEC 개혁을 통해 디지털자산 친화적인 정책을 추진했다. 비트코인 ETF 승인 확대, 채굴 산업 지원, 그리고 무엇보다도 정부가 일정 비율의 비트코인을 외환 보유고로 비축하는 방안을 검토하기 시작했다. 이는 단순한 정치적 유화책이 아니었다. 미국 경제의 새로운 패러다임을 만들기 위한 계산된 움직임이었다.

트럼프는 이제 비트코인을 단순한 디지털자산이 아닌, 정치적 무기이자 글로벌 경제 패권을 유지하는 전략적 도구로 바라보고 있다. 비트코인은 더 이상 그에게 '불법 거래에 사용되는 위험한 자산'이 아니다. 그것은 미국 경제를 다시 위대하게 만들 도구다.

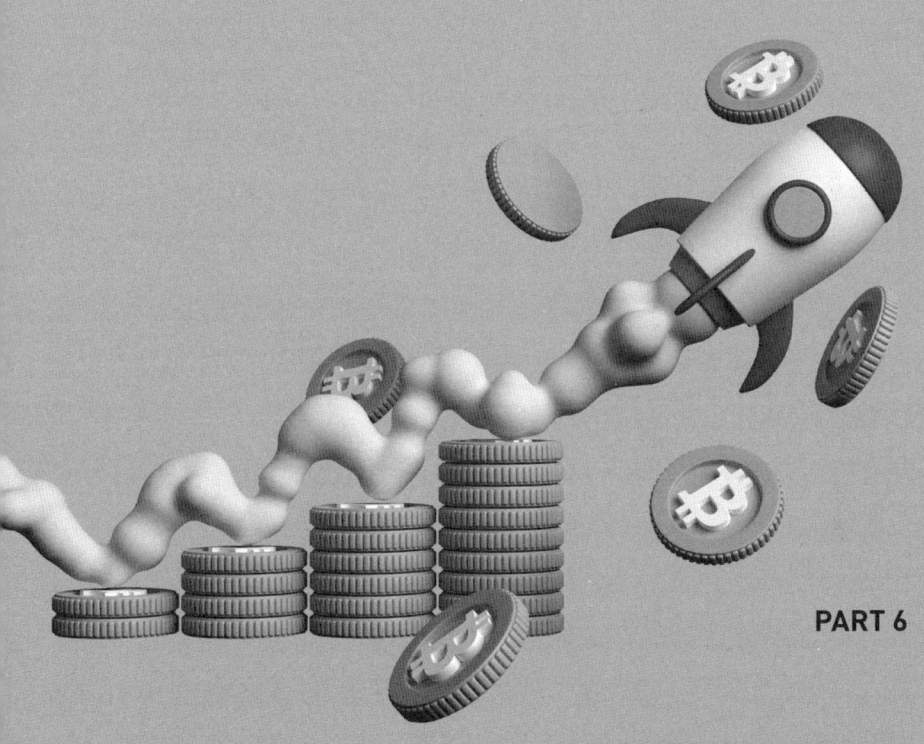

PART 6

코인 거래소
사용설명서

6-1

국내 거래소 계좌
여는 법

비트코인에 처음 관심을 갖고 투자를 결심했다면 가장 손쉽게 접근할 수 있는 거래 장소는 단연 중앙화 거래소일 것이다. 가상 자산은 주식과 다르게 특정 거래소가 아닌 다양한 거래소에 상장 돼 있어 투자자는 자신의 상황에 맞게 거래소를 선택할 수 있다. 특히 비트코인은 거의 모든 가상자산 거래소에서 거래를 지원하기 때문에 다른 가상자산에 비해 선택의 폭이 넓다.

초보 투자자라면 원화 거래를 지원하는 국내 거래소를 이용하는 것이 가장 적합하다. 현재 국내에서 원화 거래를 지원하는 거래소는 업비트, 빗썸, 코인원, 코빗, 고팍스 이렇게 다섯 곳이다. 투자자는 이들 거래소에 원화를 입금한 뒤 이를 사용해 비트코인을 손쉽게 매수할 수 있다. 거래소 한 곳만 이용해도 충분하지만 여러 거래소를 이용하는 것도 가능하다. 다만 각 거래소마다 연동된 은행 계좌가 다르기 때문에 모든 거래소를 이용하려면 각 거래소에 맞는 은행 계좌를 개설해야 한다.

국내 중앙화 거래소에 원화를 입금하려면 거래소와 제휴를 맺은 은행을 확인해야 한다. 현재 국내에서는 '1 거래소 1 은행' 정책이 적용돼 제휴 은행 외에는 원화 입금이 불가능하다. 2025년 1월 기준 국내 거래소별 원화 입출금을 지원하는 은행은 다음과 같다. 업비트는 케이뱅크, 빗썸은 국민은행, 코인원은 카카오뱅크, 코빗은 신한은행, 고팍스는 전북은행 계좌를 통해 원화 입출금이 가능하다.

은행 계좌를 개설했다면 해당 은행과 제휴된 거래소에 회원 가입과 고객 확인 절차를 완료해야 한다. 이들 절차에 필요한 준비물은 신분증과 본인 명의 휴대폰이다. 회원 가입 시 필요한 계좌 인증 단계에서 제휴된 은행을 선택하면 원화 입출금 계좌가 자동으로 연동된다. 예를 들어 업비트에 회원 가입할 때 케이뱅크 계좌로 인증을 진행하면 원화 입출금 계좌가 바로 등록된다. 만일 케이뱅크가 아닌 다른 은행 계좌로 인증한 경우에는 원화 입출금을 위한 케이뱅크 계좌 인증을 추가로 진행해야 한다.

회원가입을 완료한 이용자는 신원 확인, 거래 목적, 자금 출처 등을 확인하는 고객 확인 절차를 거쳐야 한다. 이후 거래소의 절차에 따라 신분증 인증과 입출금 은행 등록을 진행하면 비트코인 구매를 위한 사전 준비가 모두 완료된다. 정상적으로 등록을 완료

출처＝업비트

한 이용자라면 거래소 내 본인 프로필란에 '원화 입출금 가능'이라는 문구를 확인할 수 있다.

이후 거래소 제휴 은행 계좌에 원화를 입금한 뒤 이를 가상자산 거래소로 송금하면 된다. 각 거래소의 UI는 조금씩 다르지만 입출금 절차는 대부분 유사하다. 업비트를 예로 들면 먼저 '입출금' 메뉴에서 '원화'를 선택하면 '입금하기' 창이 나타난다. 여기서 원하는 입금 금액을 입력하고 인증을 완료하면 원화가 성공적으로 입

원화 거래소별 원화 예치율(2025년 1월 기준)

거래소	업비트	빗썸	코인원	코빗	고팍스
연 이자율 (세전)	2.1%	2.2%	2.0%	2.1%	1.3%

금된 것을 확인할 수 있다. 참고로 거래소는 지난해 시행된 가상자산 이용자보호법에 따라서 예치된 원화에 대한 이용료를 지급해야 한다.

원화 입금이 완료되면 비트코인 거래를 시작할 수 있다. 초보 투자자들이 흔히 오해하는 부분 중 하나는 비트코인을 반드시 1개 단위로 온전히 구매해야 한다고 생각하는 것이다. 하지만 실제로는 소수점 단위로도 거래가 가능해 최소 몇 천 원 정도의 금액으로도 투자할 수 있다.

거래소 주문창을 보면 지정가 주문과 시장가 주문이 구분돼 있음을 확인할 수 있다. 지정가 주문은 이용자가 원하는 가격을 직접 설정해 거래를 진행하는 방식이다. 지정한 가격에 도달했을 때만 거래가 체결되기 때문에 보다 유리한 가격으로 매수하거나 매도할 수 있는 장점이 있다. 예를 들어 현재 비트코인 가격이 3,000만 원일 때 투자자가 2,900만 원에 매수 지정가 주문을 걸면 비트코인 가격이 2,900만 원으로 떨어질 때 거래가 체결된다.

시장가 주문은 현재 시장에서 형성된 가격으로 즉시 거래를 체결하는 방식이다. 사용자가 가격을 설정하지 않고 거래소에서 제공하는 현재 최적의 매수·매도 가격으로 거래가 진행된다. 예를 들어 비트코인 현재 매수 가격이 3,000만 원, 매도 가격이 3,010만 원일 때 시장가 매수 주문을 하면 3,010만 원에 즉시 거래가 체결된다.

국내 거래소는 원화 입출금이 가능해 외환 송금 없이 편리하게 거래를 시작할 수 있다는 장점이 있다. 하지만 국외 이용자가 제한된 국내 거래소의 특성상, 시장이 과열되면 비트코인 가격이 외국 거래소와 크게 차이 나는 현상이 발생할 가능성이 높다. 시장에서는 이를 '김치 프리미엄'이라고 부른다. 쉽게 말해 국내 이용자가 국외 이용자보다 더 비싼 가격에 비트코인을 구매하게 된다는 의미다.

여러 이유로 국외 거래소를 이용하려는 투자자는 먼저 국외 거래소에 계정을 생성하고 이후 국내 거래소에서 가상자산을 송금해야 한다. 국외 거래소는 국내 외환거래법에 따라 원화 입금이나 카드 결제가 불가능하기 때문이다.

대표적인 국외 거래소 바이낸스의 경우 홈페이지에 접속해 '회원 가입' 버튼을 클릭한 뒤 이메일 주소와 비밀번호를 입력해 계정을 생성할 수 있다. 이후 이메일 인증을 완료하고, 2단계 인증(2FA)을 설정한다. 마지막으로 국내 거래소와 마찬가지로 신분증과 얼굴 인증이 필요한 KYC 절차를 완료하면 계정 생성이 완료

국외 거래소 계좌 여는 법

1. 바이낸스 지갑에서 입금 주소 확인
2. 업비트에서 출금 요청(주소&네트워크 확인 필수!)
3. 출금 수수료 및 보안 인증 진행
4. 출금 후 바이낸스에서 입금 확인
5. 소량 테스트 후 본격적인 전송

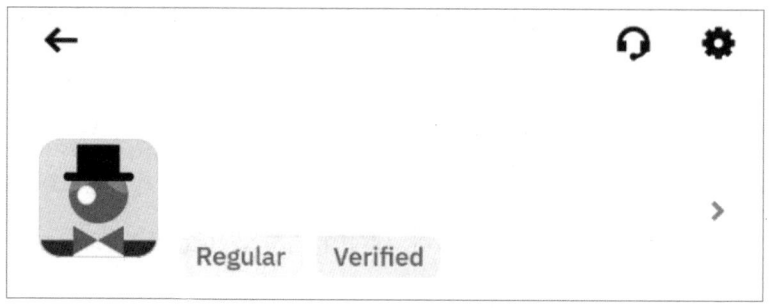

된다.

바이낸스는 한글을 지원하지 않지만 KYC 인증 시 주소를 한글로 입력할 수 있고 신분증으로는 여권뿐만 아니라 주민등록증과 운전면허증도 사용할 수 있다. 다만 이름은 여권에 기재된 영문 이름과 동일하게 입력해야 한다. 정상적으로 등록을 완료한 이용자라면 거래소 내 본인 프로필란에 'Verified'이라는 문구를 확인할 수 있다.

거래소 계정 생성이 완료되면 이용자는 국내 거래소를 통해 가상자산을 송금할 수 있다. 하지만 몇 가지 주의해야 할 점이 있다. 먼저 국내 거래소에 원화를 처음 입금한 경우 72시간 동안 가상자산 출금이 제한된다. 또한 이후에도 원화 입금 시 24시간 출금 지연제가 적용돼 출금 신청 시점을 기준으로 직전 24시간 이내에 입금된 원화 금액에 해당하는 가상자산 출금이 제한된다.

업비트에서 바이낸스로 가상자산을 송금하려면 먼저 바이낸스

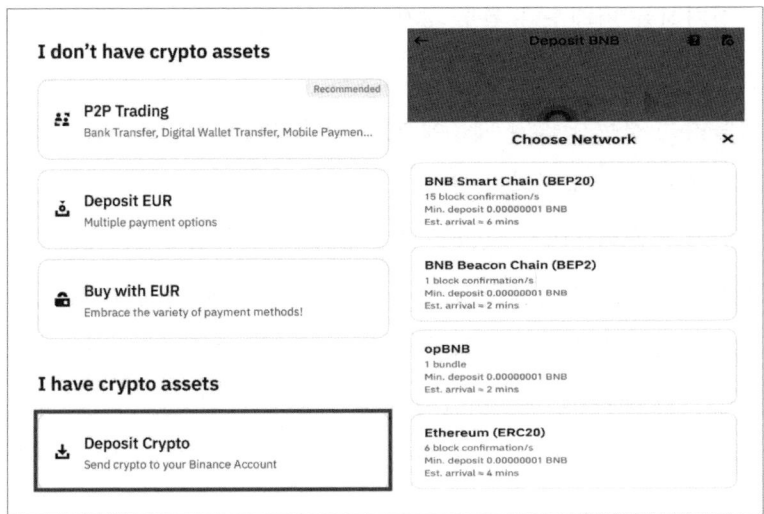

출처＝바이낸스

에서 가상자산 입금 주소(Deposit Address)를 생성해야 한다. 이 주소는 가상자산을 수신하기 위한 고유 주소로 업비트에서 해당 주소로 가상자산을 전송한다. 바이낸스에서는 'Add Fund'를 클릭한 뒤 'Deposit Crypto'를 선택하고 전송하려는 가상자산을 검색해 입금 주소를 확인하면 된다.

국외로 가상자산을 송금할 때는 수수료가 비싸고 전송 속도가 느린 비트코인보다 저렴하고 빠른 리플(XRP)과 트론(TRX)이 주로 사용된다. 이후 해당 자산을 전송할 네트워크를 선택하면 'Deposit Address'와 'Destination Tag'를 확인할 수 있다.

데스티네이션(Destination Tag)은 리플, 스텔라(XLM) 등 특정 가상자산을 거래소나 일부 지갑으로 송금할 때 입력해야 하는 고유한 숫자 코드다. 거래소에서는 같은 입금 주소를 여러 사용자가 공유하는 경우가 많기 때문에 개별 사용자를 구분하기 위해 해당 태그를 추가로 입력해야 한다.

만약 데스티네이션 태그를 입력하지 않거나 잘못 입력하면 거래소에서 송금된 자산을 누구에게 할당해야 할지 알 수 없게 되어 입금이 정상적으로 처리되지 않을 수 있다. 이 경우 고객센터에 복구 요청을 해야 하고 시간이 오래 걸릴 수도 있다.

이후 생성된 입금 주소를 업비트에 정확히 입력해야 한다. 주소 입력 오류를 방지하기 위해 직접 입력하지 말고, 반드시 복사하여

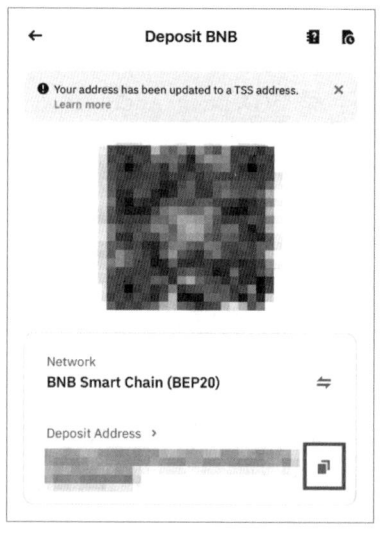

생성된 입금 주소를 블러 처리한 모습이다. 출처＝바이낸스

붙여넣어야 한다. 이렇게 송금이 정상적으로 완료되면 바이낸스 'Wallet' 창 'Spot'에 입금된 것을 확인할 수 있다.

이제 입금된 가상자산으로 비트코인을 구매하려면 먼저 USDT 로 교환 작업이 이뤄져야 한다. 바이낸스에서는 'Trade' 메뉴에 서 'Convert'를 선택하면 간편하게 가상자산을 USDT로 변환할 수 있다. 이후 'Spot' 메뉴로 이동해 비트코인을 매입할 수 있다.

가상자산 송금을 처음 하는 초보 투자자는 소량의 가상자산을 먼저 전송해 주소와 네트워크가 정확한지 확인하는 것이 좋다. 이 는 실수를 방지하는 가장 안전한 방법이다.

가상자산 송금은 도로를 잘 선택해야 한다

가상자산을 송금하는 것은 차를 타고 목적지로 가는 것과 비슷 하다. 네트워크마다 다른 도로를 이용하는 것처럼, 송금할 때도 적절한 네트워크를 선택해야 한다. 가상자산 네트워크(ERC-20, TRC-20, BEP-20 등)를 도로에 비유하면 이해하기 쉽다.

- ERC-20(이더리움 도로)=고속도로: 가장 많이 사용되지만, 통 행료(수수료)가 비싸고 종종 막힘(네트워크 혼잡)
- TRC-20(트론 도로)=우회 도로: 빠르고 수수료가 저렴, 하지만 사용 가능한 차량(코인)이 제한적
- BEP-20(바이낸스 스마트 체인 도로)=물류 도로: 저렴하고 빠르 지만 바이낸스 생태계에서만 주로 사용

송금을 할 때는 출발지(업비트)와 도착지(바이낸스) 모두 같은 도로(네트워크)를 이용해야 한다.

- X 출발: ERC-20 → 도착: TRC-20 (잘못된 경로, 자산을 잃을 수 있음)
- O 출발: ERC-20 → 도착: ERC-20 (같은 도로라 안전하게 도착)

도로(네트워크)에 따라 수수료와 속도도 다르다.

- ERC-20: 비쌈, 느림
- TRC-20: 저렴, 빠름
- BEP-20: 저렴, 빠름 (바이낸스 생태계 전용)

즉 가상자산 송금은 도로를 잘 선택하는 것이 중요하다.

6-2
거래소를 통해 산 후
개인지갑으로 이전하는 법

거래소가 아닌 직접 비트코인을 보관하려면 개인 지갑(Private Wallet)이 필요하다. 가상자산을 보관하는 지갑(Wallet)은 크게 핫 월렛(Hot Wallet)과 콜드 월렛(Cold Wallet)으로 나뉜다. 핫 월렛은 인터넷에 연결된 상태로 언제든지 쉽게 접근하고 거래할 수 있다. 콜드 월렛은 인터넷에 연결되지 않은 상태에서 가상자산을 보관

체크 포인트

1. 개인 지갑 준비&입금 주소 확인
2. 업비트에서 출금 요청(주소&네트워크 확인 필수!)
3. 출금 수수료 및 보안 인증 진행
4. 출금 후 개인 지갑에서 입금 확인
5. 소량 테스트 후 본격적인 전송

하는 방식이다.

　개인 지갑을 준비했다면 가상자산을 받기 위해 입금 주소를 확인해야 한다. 대표적인 개인 지갑으로는 메타마스크가 있다. 메타마스크는 크롬, 파이어폭스, 브레이브 등 여러 브라우저 중 하나에서 확장 프로그램을 통해 설치할 수 있다.

　확장 프로그램 설치가 완료되면, 먼저 비밀번호를 설정해야 한다. 이 비밀번호는 메타마스크 실행 시 필요한 보안 장치지만, 다른 기기에서 지갑을 복구하는 데는 사용할 수 없다. 따라서 비밀번호를 분실하면 지갑을 복구할 수 없으므로 신중하게 설정해야 한다.

　그 다음으로 백업 문구(Secret Recovery Phrase, 12개 영단어)를 제공받게 된다. 이 문구는 지갑을 복구하는 유일한 방법이므로 반드시 안전한 곳에 보관해야 한다. 분실하면 자산을 복구할 수 없다. 백업 문구를 올바르게 입력하면 메타마스크 지갑 생성이 완료된다.

메타마스크 입금 주소 확인 방법

　메타마스크 지갑을 생성한 후 가상자산을 입금받기 위해서는 입금 주소를 확인하는 과정이 필요하다. 먼저 메타마스크를 실행한 후 네트워크가 'Ethereum Mainnet'으로 설정돼 있는지 확인해야 한다. 네트워크가 올바르게 설정돼 있지 않으면 입금이 제대로 이뤄지지 않을 수 있으므로 반드시 이더리움 메인넷이 선택되

비트코인 송금 화면이다. 출처＝엑소더스

어 있는지 점검해야 한다.

그 다음으로 지갑 화면에서 0x로 시작하는 주소를 확인한다. 이 주소가 바로 ERC-20 네트워크 기반의 입금 주소다. 메타마스크에서 제공하는 '지갑 주소 복사' 버튼을 클릭해 주소를 복사한 후 원하는 거래소나 다른 지갑에서 송금할 때 해당 주소를 입력하면 된다.

메타마스크는 ERC-20 기반 지갑이므로 비트코인 네트워크 (BTC)를 직접 지원하지 않는다. 따라서 비트코인을 송금하려면 메타마스크 외에 엑소더스 같은 비트코인 네트워크를 지원하는 지갑을 사용해야 한다.

메타마스크를 이용한다면 비트코인을 랩드 비트코인(WBTC, Wrapped Bitcoin)으로 변환한 후 송금하는 것이다. WBTC는 비트코인의 이더리움(ERC-20) 기반 토큰 버전으로 이더리움 네트워크에서 활용할 수 있도록 설계된 토큰이다. 1WBTC는 1BTC와 동일한 가치를 가진다.

WBTC로 변환하기 위해 탈중앙화 거래소(DEX)나 중앙화 거래소(CEX)를 이용해야 한다. 유니스왑, 1인치, 커브 같은 탈중앙화 거래소에서는 BTC를 WBTC로 변환할 수 있다. 바이낸스 같은 중앙화 거래소에서도 BTC를 WBTC로 변환한 후 출금할 수 있다.

국외 거래소 송금과 마찬가지로 개인 지갑으로 자산을 송금할 때도 입금 주소를 잘 확인해야 한다. 입금할 네트워크를 잘못 선택하면 자산이 사라질 수 있다.

핫 월렛 vs. 콜드 월렛

핫 월렛은 인터넷에 연결된 온라인 지갑으로, 온라인 은행이나 체크카드와 같은 역할을 한다. 인터넷에 연결되어 있어 빠른 거래가 가능하지만 보안 위험이 존재한다. 대표적인 예로는 메타마스크, 트러스트월렛, 업비트 같은 중앙화 거래소 지갑이 있다.

핫 월렛의 장점으로는 첫째, 앱만 설치하면 바로 사용할 수 있어 매우 빠르고, 둘째, 거래소와 연결되어 입출금이 쉽게 가능하여 편리하며, 셋째, 별도의 기기 구매 없이 앱 설치만으로 무료로 사용할 수 있다.

반면 단점으로는 온라인에 연결되어 있어 해커의 공격 대상이 될 수 있고, 특히 중앙화 거래소의 핫 월렛은 거래소가 해킹당할 경우 자산을 잃을 위험이 있다.

콜드 월렛은 금고나 지갑 속 현금과 같은 개념으로, 오프라인에서 가상자산을 보관하는 방식이다. 인터넷에 연결되지 않은 상태에서 자산을 보관하므로 안전하지만 사용상 불편함이 있다. 대표적인 예로는 레저나 트레저 같은 하드웨어 지갑이 있다.

콜드 월렛의 장점으로는 첫째, 인터넷에 연결되지 않아 해커가 접근할 수 없어 해킹이 불가능하고, 둘째, 자주 거래하지 않고 보관만 하는 장기 투자자에게 매우 적합하다.

단점으로는 거래할 때마다 지갑을 연결해야 하는 불편함이 있고, 기기를 분실하거나 복구 키인 시드 문구를 잃어버리면 복구가 불가능한 위험이 있으며, 하드웨어 지갑을 별도로 구매해야 하는 비용이 발생한다.

가상자산 이용자 보호 등에 관한 법률 제2조

구분	핫 월렛	콜드 월렛
인터넷 연결	온라인	오프라인
편의성	빠르고 편리	다소 불편
보안성	해킹 위험 있음	해킹 불가능
추천 용도	자주 거래하는 투자자	장기 보관용

금융 상품 형식으로
투자하는 법

비트코인은 다양한 금융 상품을 통해 간접적으로 투자할 수도 있다. 직접 구매하는 방법도 있지만 보안 문제와 보관 방식, 거래소 해킹 위험 등의 단점이 존재한다. 이러한 문제를 보완할 수 있는 대안이 금융 상품을 통한 투자다.

현물 비트코인 ETF란?

현물 비트코인 ETF는 비트코인을 실제로 보유한 상태에서 가격을 추적하는 상장 지수 펀드다. 다시 말해 투자자가 ETF를 매수하면 해당 펀드는 실제로 비트코인을 구매하고 이를 보유하게 된다. ETF 가격은 비트코인의 시장 가격과 연동되며 투자자는 별도의 보관이나 보안 문제 없이 비트코인 가격 변동에 따른 투자 수익을 기대할 수 있다.

1) 현물 비트코인 ETF의 장점

- 직접 보관 부담 없음: 비트코인을 직접 구매하면 개인 지갑 또는 거래소에 보관해야 한다. 하지만 ETF를 이용하면 이러한 복잡한 보관 문제를 신경 쓰지 않아도 된다.

- 보안 리스크 감소: 비트코인을 보유한 거래소가 해킹을 당하거나 개인 지갑의 비밀번호를 분실하는 경우 투자금이 사라질 위험이 있다. ETF는 이러한 보안 리스크에서 자유롭다.

- 편리한 거래: ETF는 기존 주식처럼 증권 계좌를 통해 쉽게 매수·매도할 수 있다. 반면 비트코인을 직접 투자할 경우 거래소 가입, 인증, 출금 제한 등의 절차가 필요하다.

- 규제적 안정성: 일부 국가에서는 비트코인 거래를 제한하거나 규제하는 반면 현물 비트코인 ETF는 공식적인 금융 상품으로 등록되어 있어 법적 안정성이 더 높다.

2) 대표적인 현물 비트코인 ETF

현재 여러 나라에서 다양한 현물 비트코인 ETF가 운영되고 있다. 대표적인 상품은 다음과 같다.

다만 현재 국내에서는 증권사가 국외 현물 비트코인 ETF를 중개하는 것이 금지돼 있어 직접 거래할 수 없다. 금융위원회는 미국에서 현물 비트코인 ETF가 출시됐을 당시 발표한 보도자료에서, 비트코인 현물 ETF의 발행이나 국외 현물 ETF 중개가 기존 정부 입장과 자본시장법에 위배될 가능성이 있다고 밝혔다. 또한,

대표적인 현물 비트코인 ETF

국가	현물 ETF	티커	운용사
미국	아이셰어즈 비트코인 트러스트 ETF (iShares Bitcoin Trust ETF)	IBIT	블랙록 (BlackRock)
미국	피델리티 와이즈 오리진 비트코인 ETF (Fidelity Wise Origin Bitcoin ETF)	FBTC	피델리티 (Fidelity)
미국	그레이스케일 비트코인 ETF (Grayscale Bitcoin ETF)	GBTC	그레이스케일 (Grayscale)
미국	발키리 비트코인 ETF (Valkyrie Bitcoin ETF)	BRRR	발키리 (Valkyrie)
미국	인베스코 갤럭시 비트코인 ETF (Invesco Galaxy Bitcoin ETF)	BTCO	인베스코 (Invesco)
캐나다	퍼포즈 비트코인 ETF (Purpose Bitcoin ETF)	BTCC	퍼포즈 인베스트먼트 (Purpose Investments)
캐나다	3iQ 코인셰어스 비트코인 ETF (3iQ CoinShares Bitcoin ETF)	BTCQ.TO	쓰리아이큐 (3iQ)
캐나다	CI 갤럭시 비트코인 ETF (CI Galaxy Bitcoin ETF)	BTCX- B-T	CI 글로벌 자산운용 (CI Global Asset Management)
스위스	21셰어즈 비트코인 ETP (21Shares Bitcoin ETP)	ABTC	21셰어즈 (21Shares)
브라질	QR 캐피털 비트코인 ETF (QR Capital Bitcoin ETF)	QBTC11	QR 자산운용 (QR Asset Management)

미국과 국내의 법 체계가 다르기 때문에 미국 사례를 그대로 적용하기는 어렵다는 입장을 내놓았다.

비트코인 관련 기업 주식 투자

비트코인과 관련된 기업의 주식을 매수하는 것도 하나의 투자 방법이다. 비트코인 가격 변동에 따라 영향을 받는 기업들을 투자 대상으로 고려할 수 있다.

1) 비트코인 채굴 기업

비트코인 채굴(Mining) 기업은 고성능 컴퓨터(ASIC 마이너)를 이용해 비트코인을 채굴하는 기업으로 직접적으로 비트코인 시장에 영향을 받는다. 비트코인 가격이 상승하면 채굴 수익성이 높아지고 반대로 가격이 하락하면 기업 수익이 줄어들 수 있다. 대표적인 채굴 기업은 다음과 같다. 투자 시에는 전기료, 채굴 효율성(해시레이트), 규제 및 환경 변화를 고려해야 한다.

- 마라톤 디지털(MARA): 미국 최대 채굴 기업 중 하나로, 대규모 데이터 센터를 운영하며 채굴 규모를 꾸준히 확장 중이다.
- 라이엇플랫폼스(RIOT): 비트코인 채굴뿐만 아니라 블록체인 기반 데이터 센터 사업도 함께 운영한다.
- 헛8마이닝(HUT): 캐나다 기반 채굴 기업으로, 친환경 채굴을 강조하는 기업이다.

비트코인 관련 기업 목록

기업명	티커	분류
마이크로스트레티지 (MicroStrategy)	MSTR	디지털자산 보유(Digital Asset Holdings)
테슬라(Tesla, Inc.)	TSLA	디지털자산 보유(Digital Asset Holdings)
블록(Block, Inc.)	SQ	디지털자산 보유(Digital Asset Holdings)
코인베이스 글로벌 (Coinbase Global, Inc.)	COIN	거래소&종합 사업자 (Exchange & Comprehensive Operator)
로빈후드 마켓 (Robinhood Markets Inc)	HOOD	디지털자산 거래 플랫폼 (Digital Asset Trading Platform)
비트코인 디포(Bitcoin Depot)	BTM	비트코인 ATM(Bitcoin ATM)
발키리 비트코인 마이너스 ETF (Valkyrie Bitcoin Miners ETF)	WGMI	채굴 기업 ETF(Mining Company ETF)
마라톤 디지털 홀딩스 (Marathon Digital Holdings, Inc.)	MARA	채굴 기업(Mining Company)
라이엇 플랫폼스 (Riot Platforms, Inc.)	RIOT	채굴 기업(Mining Company)
클린스파크(CleanSpark)	CLSK	채굴 기업(Mining Company)
사이퍼 마이닝 테크놀로지 (Cipher Mining Technologies Inc.)	CIFR	채굴 기업(Mining Company)
아이렌(IREN)	IREN	채굴 기업, AI 데이터 센터
테라울프(Terawulf Inc)	WULF	채굴 기업, AI 데이터 센터
허트8(Hut 8)	HUT	채굴 기업, AI 데이터 센터
코어 사이언티픽 (Core Scientific)	CORZ	채굴 기업, AI 데이터 센터
어플라이드 디지털 (Applied Digital)	APLD	채굴 인프라, AI 데이터 센터
페이팔(PayPal)	PYPL	스테이블코인(Stablecoin)
엑소더스 무브먼트 (Exodus Movement)	EXOD	블록체인 지갑(Blockchain Wallet)

2) 비트코인 보유 기업

일부 기업은 자산 운용 전략으로 비트코인을 대량 매입해 보유한다. 주가는 비트코인 가격과 높은 상관관계를 가진다. 이들은 장기적으로 비트코인의 상승에 베팅하는 방식으로 운영된다. 투자 시에는 비트코인 보유량, 재무 전략, 기업의 비트코인 활용 계획 등을 고려해야 한다. 대표적인 기업은 다음과 같다.

- 마이크로스트래티지(MSTR): 현재 약 21만 BTC를 보유한 기업으로 비트코인을 기업 재무 전략의 핵심 자산으로 활용하고 있다.
- 블록(SQ): 비트코인 결제를 지원하는 스퀘어(Square)의 모회사로, 비트코인 보유뿐만 아니라 결제 솔루션으로 확대하고 있다.

3) 가상자산 거래소 주식

가상자산 거래소는 비트코인 거래량이 증가할수록 더 많은 수수료 수익을 올릴 수 있다. 따라서 가상자산 시장이 성장할수록 거래소 관련 주식도 상승할 가능성이 크다. 투자 시 거래량, 신규 가입자 수, 규제 환경, 수수료 구조 변화 등을 고려해야 한다. 대표적인 기업은 다음과 같다.

- 코인베이스(COIN): 미국 최대 가상자산 거래소로 다양한 가상자산 거래 서비스를 제공하며 글로벌 시장에서도 강력한 입지를 유지한다.

- 로빈후드(HOOD): 주식 및 암호화폐 거래를 지원하는 플랫폼으로, 암호화폐 투자 증가에 따라 수익 구조가 개선될 가능성이 있다.

4) 블록체인 기술 기업

비트코인과 블록체인 기술을 지원하는 인프라 기업들도 비트코인 투자 대안으로 고려할 수 있다. 특히, 반도체 및 데이터 센터 관련 기업은 채굴 및 암호화폐 산업의 발전과 함께 성장할 가능성이 있다. 투자 시에는 기술 혁신, 블록체인 도입 확대, 하드웨어 및 소프트웨어 수요 등을 고려해야 한다. 대표적인 기업은 다음과 같다.

- 엔비디아(NVDA): GPU 제조업체로, 과거 암호화폐 채굴 열풍에서 큰 수혜를 입었다. 향후 AI와 블록체인 산업 확장으로 지속적인 성장 가능성 존재한다.
- 블록(SQ): 비트코인 결제 서비스 및 디지털 금융 솔루션을 제공하며, 핀테크와 암호화폐의 융합을 주도한다.

국외 주식 매입 방법

국외 주식 거래를 위해 국내 증권사의 계좌 개설이 필요하다. 이후 개설한 계좌에서 별도로 국외 주식 거래를 신청해야 한다. 이후 원화를 달러로 환전하고 증권사 거래 시스템(HTS 또는 MTS)에서 원하는 주식이나 ETF의 티커(Symbol)를 검색한 후 거래를 진행할 수 있다.

국외 주식은 증권사마다 거래 수수료가 다르며 연간 250만 원을 초과하는 수익에는 22%의 양도소득세가 부과될 수 있으므로 투자 전 반드시 확인해야 한다.

비트코인 절세·증여·상속 사용설명서

세무, 회계, 법안, 시장 분석까지 가족 간 코인 거래의 모든 것

초판 1쇄 인쇄 2024년 9월 15일
초판 1쇄 발행 2024년 9월 22일

지은이 김제이 박만용 서동기 오수환 제임스 정 홍푸른

발행인 선우지운 | **편집** 이주희 | **디자인** 공중정원 | **제작** 예인미술

출판사 여의도책방 | **출판등록** 2024년 2월 1일 제2024-000018호
이메일 yidcb.1@gmail.com

ISBN 979-11-994422-1-4 03320